COMUNICACIÓN DIGITAL EN ENTORNOS MÚLTIPLES

— *Colección Comunicación e Información Digital* —

COMUNICACIÓN DIGITAL EN ENTORNOS MÚLTIPLES

Coordinadores

Miguel Ángel Ortiz Sobrino
María José Pérez Serrano
Sagrario Bernad Conde
Anelí Bongers Chicano
María del Carmen Ramos Herrera
Gorka Zamarreño Aramendia

Autores
(por orden de aparición)

María del Carmen Ramos-Herrera
Anelí Bongers Chicano
Carmen Díaz Roldán
José María Pérez de la Cruz
Gorka Zamarreño Aramendia
Elena de los Reyes Cruz Ruiz
Elena Ruiz Romero de la Cruz
Nilton Marlúcio de Arruda
Samara Alejandra Martínez Montaño
Ricardo Zugasti
Fernando Carcavilla

COMUNICACIÓN DIGITAL EN ENTORNOS MÚLTIPLES

Ediciones Egregius
www.egregius.es

Diseño de cubierta e interior: Francisco Anaya Benitez

© Los autores

1ª Edición. 2018

ISBN 978-84-17270-50-6

ÍNDICE

INTRODUCCIÓN

La escasa motivación de los estudiantes por aprender se ha convertido en un tema altamente preocupante y relevante en el ámbito académico. En los siguientes capítulos se pretende reflexionar y analizar posibles soluciones que el profesorado podría implementar en sus aulas universitarias con la finalidad de contribuir de alguna manera a mejorar la motivación del alumno. La razón es clara: el éxito académico es clave para el futuro destino profesional y consideramos que la motivación es el ingrediente principal para alcanzarlo.

El término motivación proviene del verbo latino *moveré* que significa moverse. Realmente ese movimiento se encuentra implícito en el hecho de que hay algo que mueve a las personas y que permite llevar a cabo las tareas (Paolini et al., 2006; Pintrich y Shunk, 2006; entre otros). Concretamente, la motivación más asociada al ámbito del aprendizaje recibe el nombre de motivación académica (González Fernández, 2005). Son innumerables los autores que destacan el escaso compromiso por parte de los alumnos universitarios y el poco esfuerzo por cumplir sus objetivos académicos además de la insuficiente motivación que los caracteriza como factores claves en explicar el bajo rendimiento del estudiante. En esta línea, se ha reconocido la necesidad de trabajar el aprendizaje desde la cognición, es decir, vinculando los factores cognitivos y afectivos (Jarvela, 2001; Pintich y Schunk, 2006; entre otros). En otras palabras, este enfoque sugiere que la motivación es mayor cuando los alumnos tienen la percepción de que están llevando a cabo progresos en su aprendizaje.

El problema radica en que no todas las personas muestran el mismo nivel de motivación. En este sentido es necesario que queden claro los dos tipos de orientaciones motivacionales que existen: motivación extrínseca y motivación intrínseca. El primero se corresponde con cuestiones externas al individuo, en este caso el alumno espera que ocurra algo que lo motive y suele estar determinado por el miedo al fracaso. El segundo se encuentra más asociada a los aspectos internos, es decir se trataría del alumno motivado en desarrollar conocimientos y habilidades por el mero placer de aprender (Carretero, 2009).

Autores como Pintrich y Schunk (2006) afirman que los profesores influyen en la motivación y aprendizaje a través de su planificación e instrucción. Por esta razón, los docentes debemos llevar a cabo un cambio o una mejor adecuación de las estrategias instruccionales como pueden ser las actividades organizadas en y fuera del aula, las tareas de evaluación, casos prácticos, etc. Dada la relevancia de este tema, en los siguientes capítulos se pretende analizar estrategias metodológicas que permitan incentivar al alumno por aprender y enriquecer sus competencias con el objetivo de que disfrute del aprendizaje y se encuentre mejor preparado para el mercado laboral.

La digitalización o la denominada Cuarta Revolución Industrial es la más profunda de las revoluciones tecnológicas solo comparable con la industrial o la agrícola, por su capacidad de transformar la totalidad de las actividades humanas. Tal y como afirmó Juncker (2016) en un discurso emitido en Estrasburgo "Las tecnologías y las comunicaciones digitales penetran en cada aspecto de la vida". Dicha revolución irá cambiando nuestra sociedad y por ello, la formación universitaria debe de enfrentarse a tres grandes retos. En primer lugar, cambios en el conocimiento y en la forma que tiene de percibir la sociedad su entorno, esto es muy valorado por las empresas, que son el sector productivo (y contratante). En segundo lugar, cambios en las características de los estudiantes, han modificado sustancialmente estilo y capacidad de aprendizaje de los nuevos estudiantes, los "Millenials", lo conforman los nacidos después del 1982, donde su capacidad principal es el aprendizaje activo y funcional ante la herramienta didáctica. Son agentes muy avanzados en el aprendizaje común, con gran capacidad de desarrollar y trabajar con simulaciones virtuales, plataformas virtuales con interfaz personalizados. Eso es debido a que ellos ya han internalizado la Revolución y forma parte de su vida cotidiana. A diferencia de la generación anterior, los "Milenials" han desarrollado las siguientes capacidades: con gran capacidad sintética, son capaces de encontrar y filtrar la mejor información en el menor tiempo. Otra de las principales cualidades de estos agentes es que son multi tareas por lo que pueden desarrollar varias actividades de manera simultánea. sistematizar, buscar-y-cribar y información. Y en tercer lugar, implementar nuevos métodos de enseñanza y aprendizaje más adaptados a las necesidades de la sociedad y por ende a la de los estudiantes.

Las capacidades intelectuales del estudiante han cambiado. Ahora necesitan un feedback inmediato, tienen menor capacidad de concentración. La diferencia principal con los de la generación anterior es que tienen una menor capacidad de concentración, ahora no entienden el aprendizaje mnemotécnico sino funcional, son del planteamiento que la información siempre ha estado por ellos y estará allí. Docentes y alumnos tienen que cambiar la actitud necesaria para enseñar y aprender. Una clase de e-learning que puedes recibir en tu casa supone más responsabilidad y disciplina que una clase de enseñanza tradicional. Mi cuestión ahora sería la siguiente ¿Tiene sentido deshacer eso para imponer una forma de aprendizaje tradicional que es menos natural para ellos y posiblemente menos efectivo?

Sabemos que la metodología tradicional presenta cada vez mayores dificultades para atraer la atención de unos alumnos, que se caracterizan por disponer de forma casi inmediata a una mayor y más precisa cantidad de información gracias a las nuevas tecnologías.

En este monográfico nos cuestionamos si los docentes podemos contribuir de alguna manera a ayudar a que nuestros estudiantes sean capaces de ofrecer respuestas creativas a nuevos problemas que se les planteen favoreciendo así la internalización de conocimientos propios de las asignaturas. Respecto a la incorporación de las Nuevas Tecnologías en la enseñanza es una alternativa viable de comunicación tanto fuera como dentro de clase (Tapia, 2017). Esta familiarización con estas herramientas constituye una forma en la cual, los alumnos pueden aclarar sus dudas y pueden retroalimentarse no sólo del profesor sino también de sus compañeros.

Dada la relevancia de la Cuarta Revolución Industrial, Las Tecnologías de la Información y Comunicación (TIC) afectan profundamente cada uno de estos elementos. Las TICs han cambiado las tareas laborales en los puestos de trabajo, adicionalmente han modificado sustancialmente estilo y capacidad de aprendizaje de los nuevos estudiantes cambiando la sociedad y sobretodo con la aparición de las Nuevas Tecnologías, ha modificado y ha creado nuevas necesidades sociales.

En este monográfico se pretende analizar qué estrategias docentes actuales se están implementando en las universidades españolas, más concretamente en el ámbito de la Economía, que promuevan el uso de las Nuevas Tecnologías en la Docencia Universitaria.

Recientemente se ha demostrado en base a un estudio realizado tanto a profesores de primaria como de secundaria en toda España que los alumnos que con mayor predisposición a emplear el ordenador, tablets, Smartphone son más innovadores y participativos. La razón que ofrecen estos autores es el hecho de que les permite acceder a la información más rápidamente, pueden resolver sus dudas tanto dentro como fuera del aula, les permite investigar un proyecto, plantearse un debate, interactuar con sus compañeros, entre otras muchas razones. Entre los aspectos positivos que los profesores destacan de la implementación de las TIC en las aulas se encuentra la mejora en la motivación por parte del alumno, ya que es más fácil captar y mantener la atención del alumno. Además señalan el mayor protagonismo que se le da al estudiante y valoran la nueva función que adopta el profesor como una guía en el proceso de enseñanza-aprendizaje. Por supuesto, cabe mencionar la mayor autonomía, la habilidad de desarrollar competencias digitales y el enriquecimiento en el proceso de evaluación.

Esquipo de ccordinación

CAPÍTULO I

IMPLICACIONES DE KAHOOT EN LA DOCENCIA DE MACROECONOMÍA

María del Carmen Ramos-Herrera

Colegio Universitario de Estudios Financieros (CUNEF)

Resumen

Dado que las Tecnologías de la Información y Comunicación (TIC) son consideradas el eje principal de la sociedad actual es necesario que la metodología docente se ajuste a la realidad apostando por nuevos enfoques comunicativos e implementando las TIC en las aulas universitarias con el objetivo de que el alumnado se convierta en el auténtico protagonista de su proceso de enseñanza-aprendizaje.

Los objetivos de la incorporación de Kahoot en las clases son varios y variados. Uno de ellos es que se pretende fomentar la motivación de los estudiantes mejorando su participación activa, ya que según innumerables estudios académicos aseguran que el interés es fundamental en el aprendizaje. Otro propósito de acuerdo a la Comisión Europea es el desarrollo de la competencia digital de nuestros futuros egresados para que dispongan de una mayor versatilidad y empleabilidad en el mercado laboral. Además se plantea un enfoque que apuesta por un aprendizaje más continuo a lo largo del cuatrimestre favoreciendo que los alumnos vayan adquiriendo e interiorizando los conocimientos día tras día y no a la finalización del mismo. Otro de los fines de esta metodología complementaria es la obtención de un sistema de evaluación más inmediato tanto para el profesor como para el alumno. La razón es sencilla, el estudiante dispone de una herramienta para autoevaluarse y compararse con el resto de su clase y ofrece información sobre en qué partes del temario el docente debe incidir en mayor medida porque muestra aquellos conceptos que no han quedado suficientemente claros.

Los resultados obtenidos sostienen que la experiencia ha sido altamente positiva en los dos grupos de Macroeconomía de este curso académico 2017-2018,puesto que ha permitido enriquecer el proceso de enseñanza-aprendizaje dinamizando las clases y favoreciendo la evaluación del alumno universitario. Este tipo de estrategias de gamificación no son excluyente de la metodología tradicional sino son complementarias, garantizando una mayor empleabilidad de los estudiantes así como una mejora en la competitividad del sistema de enseñanza, tal y como se persigue en el Proceso de Bolonia.

Palabras clave: Kahoot, docencia, motivación, economía.

Códigos JEL: A22, E0, E2, E5, E6

Introducción

El Espacio Europeo de Educación Superior (EEES) no sólo lleva consigo la convergencia de los sistemas universitarios europeos, la homogeneización de títulos, competencias, etc, sino que además lleva asociado un cambio de enfoque de la docencia en educación superior. El trabajo de Benito y Cruz (2011) refleja de forma sintética el cambio de paradigma atendiendo a diferentes dimensiones como pueden ser la docencia, la evaluación, la motivación, los materiales y el papel del docente. Fundamentalmente se implementa un cambio en el enfoque de aprendizaje, en el cual el alumno debe ser el protagonista principal de dicho procedimiento. Dicho de otra manera, la metodología de enseñanza debe potenciar la autonomía del alumno en el proceso formativo y el profesor debe adoptar la figura de guía o facilitador del aprendizaje. Además otro dato relevante a tener en cuenta es que el profesorado universitario debe apostar por adaptarse a la generación denominada nativos digitales e incorporar muchos de los recursos tecnológicos con aplicación en diferentes ámbitos de la vida cotidiana (Pérez Miras, 2017).

Acosta-Silva (2017), junto con trabajos como Hargittai y Hinnant (2008) o Gray y Krause (2008), pide precaución a la hora de presuponer que los nacidos a partir de los mediados de los noventa es una generación considerada altamente competente en el uso de la tecnología. En concreto este autor realiza un estudio aplicando la metodología de metasíntesis durante los últimos quince años sobre el tema concluyendo que la mayoría de los trabajos no soportan empíricamente tal superioridad en tales competencias digitales por parte de los denominados nativos digitales. Autores como Helsper y Eynon (2010), Bennett et al. (2008) o Fajardo et al. (2015) no detectan diferencias altamente significativas estadísticamente hablando cuando se trata de afirmar que esta nueva generación domina al cien por cien la tecnología necesaria para afrontar su día a día o en su ámbito laboral. Por esta razón y si bien es cierto que ha habido una creciente mejora respecto a los últimos años, muchos de los alumnos universitarios pueden presentar algún tipo de carencia para enfrentarse al mundo laboral que debería ser contrarrestada por la universidad con unos planes educativos donde se integren cada vez en mayor medida las TIC y proporcionando los medios adecuados. La finalidad de este esfuerzo y renovación del profesorado se debe a la consecución del objetivo de garantizar el aprendizaje competencial y activo del alumno desde la innovación y eficacia (Rodríguez, 2009). Si bien es cierto que las aplicaciones móviles pueden contribuir en gran medida a mejorar los procesos de enseñanza-aprendizaje es preciso aclarar que se debe hacer un uso responsable de las mismas así como desarrollar y organizarlas desde un enfoque pedagógico bien definido (Marín Suelves, 2016).

En este cambio de paradigma, la motivación por aprender se convierte en la pieza fundamental del rendimiento académico del alumno (Romero y Pérez Ferra, 2009). Autores como Martínez González (2011) o Tejedor y García-Valcárcel (2007) señalan la necesidad de implementar nuevas técnicas de motivación en las aulas universitarias para que los alumnos puedan adoptar nuevas formas de pensar. Si bien es cierto que la clase magistral continúa siendo el método por excelencia en el panorama universitario (Fernández March, 2006) en estos últimos años se ha venido observando una tendencia creciente a las metodologías que fomentan el aprendizaje activo y colaborativo [véase por ejemplo los trabajos de García-Gárceles y Román (2012) o Villagrasa *et al.* (2016 a), entre otros] o el uso de las TIC [Pastor (2009) y del Ramo y López (2008), entre otros].

La falta de motivación es considerada una de las principales preocupaciones del profesor universitario ya que es bien conocido que sin la misma no se produce aprendizaje (Huertas, 1996; Míguez, 2001 o Pozo, 1999). Por esta razón, el objetivo principal de este trabajo es analizar si estrategias complementarias a la metodología tradicional son efectivas en el rendimiento académico garantizando un mayor interés por la asignatura que ayude a comprender mejor los conceptos.

Metodología

La gamificación se considera una metodología del aprendizaje basada en la aplicación de juegos en el ámbito educativo-profesional con la finalidad de comprender mejor los conocimientos, desarrollar diversas habilidades y conseguir mejores resultados (Kapp, 2013). Autores como Deterding (2011), Werbach (2014) y Ramírez Cogollor (2014) definen este término como una aplicación de mecánicas de juego en ámbitos que normalmente no son lúdicos. Según Ramírez (2014) o Teixes (2015), a través del juego se incentiva el compromiso y la motivación de los usuarios para la consecución de objetivos concretos. Según Cortizo *et al.* (2011) un cambio en el proceso de enseñanza-aprendizaje donde el estudiante adopte un papel más activo en dicho proceso y no actúe como un simple receptor de los conocimientos es posible gracias a las actividades basadas en juegos. Koster (2013) indica que la diversión implícita en cualquier proceso gamificado es considerada un elemento crucial que conduce al aprendizaje óptimo. En la misma línea, Dellos (2015) apoya la idea de que la enseñanza basada en el juego, como puede ser a través de la plataforma Kahoot, es la mejor práctica en educación. Autores como Gaitán (2013) sostienen que la gamificación supone una mejora en la motivación del alumno, mayor fidelización de asistencia a clase, mayor cooperación, entre otros aspectos.

Mauricio *et al.* (2015) demuestra que con una serie de juegos variados de corta duración los alumnos han de resolver en grupo y en el menor tiempo posible la motivación intrínseca de los estudiantes aumenta así como el porcentaje de aprobados de la asignatura. El trabajo de Vidal Esteve (2017) realiza una síntesis en base a diferentes estudios empíricos publicados entre 2007 y 2016 donde pone de manifiesto los beneficios pedagógicos de implementar estrategias gamificadas. Autores como Villalustre y Moral (2015) destacan la capacidad de este tipo de instrumentos para implicar a los alumnos en procesos complejos indicando además que muestran una predisposición favorable a la adquisición de aprendizajes de diversa índole. Sarango y Torres (2015) señalan la mejoría en la motivación y el interés por parte del estudiante que se involucra mucho más en el proceso de aprendizaje. Adicionalmente, existen trabajos donde han estudiado el impacto de la gamificación sobre personas con discapacidad intelectual y los resultados han mostrado mejoras en sus habilidades de comunicación, integración social, superación, además de progresos en lo cognitivo, comunicativo, psicomotriz, entre otros muchos aspectos [véase González y Solovieva (2017) o González *et al.* (2014)].

Como bien sabemos, los dispositivos móviles han pasado a formar definitivamente parte de nuestra vida diaria (Castells *et al.*, 2007 o Cánovas *et al.*, 2014, entre otros). Debido a este creciente avance y al uso generalizado de las TIC en todos los ámbitos de la sociedad es claramente necesaria su incorporación en los procesos de enseñanza a todos los niveles educativos (Alejandre, 2015). Si bien es cierto que el *Mobile Learning*, es decir el uso de estos dispositivos en cualquier espacio y tiempo ha crecido exponencialmente en los últimos años (Brazuelo y Gallego, 2014), el uso de las TIC en las aulas como grandes herramientas didácticas se encuentra mucho menos desarrollado (Fernández Rodrigo, 2016). Dicho de otra manera, si el profesorado poco a poco introduce herramientas y metodologías más adaptadas a la nueva era digital mayor cercanía y mayor motivación e implicación existirá por parte del alumno universitario en el proceso de formación. Desde la Comisión Europea (2005), junto con trabajos como Gisbert y Lázaro (2015), se pretende fomentar el desarrollo de la competencia digital a través de recursos más innovadores y con alto contenido tecnológico. No sólo se deben incorporar estas nuevas tecnologías a las aulas, sino que además deben añadir valor y no ser "una mera extensión de la tiza" (Buzo, 2015).

Gracias a las nuevas tecnologías la gamificación ha evolucionado, ya que el hecho de permitir dispositivos tan cotidianos como la Tablet o el Smartphone en las aulas puede contribuir a mejorar el aprendizaje en el caso de las nuevas generaciones que están más acostumbradas al uso de dichas tecnologías. Autores como Villagrasa *et al.* (2016 b), del Ramo y López (2008) o Pastor (2009) enfatizan la relevancia de las TIC en el seguimiento y evaluación de los estudiantes universitarios. No se trata de implementar las TIC *per sé* en el aula universitaria, sino lo que se pretende es que a través de estas herramientas los alumnos se conviertan en los auténticos protagonistas del proceso de aprendizaje tal y como pretende el EEES (véase Salinas, 2004 o Llorenc, 2012). Existen trabajos como Ferro *et al.* (2009) donde inciden en que las TIC influyen de manera positiva sobre las actividades de formación en los sistemas educativos universitarios tradicionales debido a que permite romper las barreras espacio-temporales. Considero que las TIC no deben ser las protagonistas en todas las clases ni tampoco monopolizar las actividades del estudiante, sin embargo creo que si se emplea de forma puntual o según lo considere el profesor puede ser un instrumento muy eficaz para mejorar el rendimiento del alumno (Asensio *et al.*, 2012). Los docentes somos conscientes de que el tiempo es un recurso limitado para en tan sólo un cuatrimestre se lleve a cabo el proceso de transmisión, que los alumnos sean capaces de asimilar un amplio programa de la asignatura y que sean capaces de llevar estos conceptos a la práctica siendo resolutivos en diferentes escenarios. Esto puede llevar a cuestionarse el poco margen de maniobra para la dinamización de las aulas universitarias haciendo uso de las metodologías activas y de colaboración (Gumbau-Albert *et al.*, 2016), sin embargo como estos autores señalan junto con Comeig *et al.* (2011) entre otros, las TIC podrían ser un instrumento idóneo para el seguimiento y evaluación en un contexto donde el tiempo es limitado. Teniendo en cuenta las innumerables ventajas de poner en práctica las aplicaciones móviles en las aulas universitarias, el papel que los docentes les otorguen y sus disposición a renovar el proceso de aprendizaje-aprendizaje es clave para su eficacia (Area, 2008 o Marqués y Quesada, 2012). En la misma línea, trabajos como Sarramona (2004), enfatizan que el grado del éxito procedente de las tecnologías actuales en relación a la máxima rentabilidad pedagógica depende en gran medida del grado de integración de las mismas en las aulas. Este autor considera que el docente debe recurrir a ellas con la misma comodidad y dominio que cuando emplea la pizarra o el libro de texto.

La incorporación de dispositivos móviles y aplicaciones son necesarias ya que sirven como un complemento en el proceso de enseñanza-aprendizaje debido a que estimulan a los alumnos a aprender de una forma más amena fomentando así mismo la posibilidad de seguir aprendiendo fuera del aula. Además es fundamental que los alumnos universitarios tomen conciencia de sus deficiencias y del nivel de competencia que disponen en cada momento, por esta razón cada vez más son los expertos que valoran este tipo de metodologías y recursos como una forma para suplir las carencias existentes y mejorar el rendimiento académico. Uno de los aspectos positivos que se puede extraer de la creciente tendencia a la implementación de estos nuevos enfoques es el hecho de asumir que los alumnos van adquiriendo una mayor autonomía y capacidad para gestionar su propio proceso de enseñanza-aprendizaje.

Trabajos como Fuertes et al. (2016), Pintor et al. (2014) o Zarzycka (2014) ponen de manifiesto la gran capacidad que presenta Kahoot para establecer dinámicas de trabajo activas en las aulas universitarias destacando la mejora en la participación del alumno así como la relación positiva que se genera entre los alumnos. Autores como Fernández et al. (2016) afirma que el alumno percibe esta herramienta como un juego y no como un sistema de evaluación.

Por todo ello, en este trabajo se plantea una propuesta docente activa basada en el uso de Kahoot con la finalidad de motivar el interés por los temas impartidos en las asignaturas así como facilitar su comprensión.

 En primer lugar es necesario resaltar que Kahoot es una web de acceso libre que ha ido ganando popularidad entre los docentes, tanto en el ámbito no universitario como universitario, dato su fácil implementación. Esta página fue creada por el profesor del Departamento de Ciencia Informática y de la Información, Alf Inge Wang, en 2013 en la Universidad Noruega de Ciencia y Technología (NTNU). Esta herramienta permite elaborar cuestionarios online, así como encuestas y debates. La metodología es similar a los "clickers", sin embargo, Kahoot no implica la necesidad de trabajar con ningún software o hardware específico adicional en el aula, además de que una de las principales ventajas para el docente es la sencillez para la elaboración de los cuestionarios. El profesor tiene la facilidad para crear las preguntas del test así como determinar el número de respuestas dentro de cada pregunta y adicionalmente puede determinar el tiempo máximo de respuesta del alumno. Otro de los aspectos positivos de Kahoot es la posibilidad de incorporar vídeos o imágenes en los cuestionarios, ya que en la asignatura de Macroeconomía es fundamental para la comprensión de los conocimientos puesto que se trabaja con muchas representaciones gráficas.

Es muy fácil implementar este ejemplo de gamificación en el aula universitaria ya que únicamente requiere de un ordenador con acceso a Internet, Wifi, un proyector y cualquier dispositivo electrónico como móvil o tablet. Simplemente el profesor accede al test que ha elaborado y seguidamente se genera un código que los alumnos deben introducir para acceder al cuestionario desde su dispositivo móvil. Cada uno de los estudiantes debe añadirse con su nombre de usuario y de esta manera al profesor le van apareciendo todos los alumnos para más tarde poderlos identificar con el porcentaje de aciertos correspondientes. Los alumnos irán respondiendo a las diferentes cuestiones que les va apareciendo en la pantalla central a través del móvil en el cual se les muestra cuatro posibles opciones de distintos colores (con las opciones del mismo color que aparecen en la pantalla central) y sencillamente deben seleccionar la respuesta correcta. Una vez haya finalizado el tiempo que el profesor ha establecido como máximo Kahoot muestra una clasificación de los alumnos que han acertado y fallado cada pregunta. Otra de las ventajas que muestra esta web es que el docente tiene la posibilidad de tomarse unos minutos para explicar la pregunta porque vea que el porcentaje de aciertos sea bastante bajo o bien porque surjan cuestiones en la clase acerca de una pregunta en concreto. Y así continuar hasta la finalización del test. Una vez terminado el cuestionario, el docente tiene a su disposición una hoja de Excel que se genera automáticamente donde aparecen todos los alumnos con su correspondiente relación de preguntas acertadas y falladas. Esto le permite obtener una evaluación continua y más pormenorizada de cada alumno según persigue el Plan de Bolonia[1].

Una de las posibilidades de Kahoot es el hecho de que permite acceder a más de nueve millones de test elaborados por otros usuarios a nivel mundial. Esto permite entre otros aspectos fomentar el trabajo colaborativo además de que colaborar entre diferentes universidades enriquece el aprendizaje debido a que de un mismo tema se pueden plantear muchas preguntas con diferentes puntos de vista o enfoques y puede ser especialmente motivadora para el alumno porque quizás son casos más reales o interesantes. Al igual que para el docente le supone disponer de un amplio banco de preguntas para poder evaluar a sus estudiantes.

Resultados

A través de la incorporación de kahoot al aula se han ido elaborando diversos cuestionarios con la finalidad de evaluar el conocimiento de los estudiantes a modo de repaso de los conocimientos explicados en clases teóricas y prácticas. Este caso de gamificación se ha adoptado en las asignaturas de Macroeconomía tanto en español como en inglés en el Grado de Administración y Dirección de Empresas (ADE) y en el Doble Grado de Derecho y ADE. El curso consta de ocho temas y se han realizado tres cuestionarios en la web de Kahoot de seis o siete preguntas cada uno con cuatro respuestas múltiples y con una única respuesta correcta.

De entre los inconvenientes identificados por los alumnos gracias a una encuesta facilitada al finalizar el cuatrimestre para saber su opinión destacan la necesidad de acceso a Internet y la velocidad necesaria de respuesta. Además, se debe tener en cuenta el amplio temario de la asignatura junto con el hecho de que esta actividad supone un consumo de tiempo considerable en el aula no sólo por la resolución del cuestionario en sí mismo, sino también por la resolución de dudas. Por este motivo, es una herramienta muy

---

[1] Este proceso se inició con la Declaración de Bolonia en el año 1999, cuyo objetivo principal era crear un sistema de títulos académicos que fueran fácilmente comparables y reconocidos que les permitiera fomentar la movilidad de los estudiantes así como de profesores e investigadores. Por supuesto, se pretende garantizar un mejor aprendizaje y una enseñanza de mejor calidad tratando de potenciar la empleabilidad y el aprendizaje permanente.

útil pero que quizás no se puede abusar mucho de este tipo de actividades en la clase.

En cuanto a los principales aspectos positivos cabe destacar que los alumnos han mostrado un alto nivel de satisfacción ya que han percibido que a través de esta metodología complementaria también son capaces de aprender y de interiorizar mejor los conceptos. Son conscientes de que es mucho más ameno aprender de esta manera y que los conceptos aprendidos a lo largo del cuatrimestre son capaces de mantenerlos por mayor tiempo. De hecho muchos alumnos han afirmado que muchos de los conceptos preguntados a través del kahoot no han tenido que dedicarle tanto tiempo a repasar para el examen final como lo hacían antes (con el enfoque únicamente tradicional). Este instrumento les ha permitido madurar en mayor profundidad los conceptos de una forma más autónoma, ya que ellos saben que hay una fuerte competición y no pueden dudar de la respuesta, de esta manera han de tener el temario muy claro. Además de que les sirve como un entrenamiento para el examen final de la asignatura. La gran mayoría de los alumnos consideran este ejercicio como una herramienta fundamental para percibir de una forma más fehaciente su nivel respecto a sus compañeros y también cuáles son las debilidades a las cuales se debe enfrentar. Dicho de otro modo, esta herramienta le permite al alumno universitario disponer de una evaluación inmediata así como relativizar su nivel de conocimiento individual con el nivel global de la clase. Los alumnos destacan la facilidad de uso y la accesibilidad como otras ventajas a considerar.

Realizando una comparativa seleccionando un grupo de control de estudiantes con similares características académicas que han cursado la asignatura de Macroeconomía años anteriores, los resultados muestran una mejora significativa en el rendimiento académico. Concretamente el porcentaje de aprobados es superior, pero incluso el porcentaje de notables y sobresalientes también se incrementa. En parte esto puede estar justificado por el hecho de que los alumnos no desean que sus compañeros vean que son los peores en términos de aciertos y por esta razón se esfuerzan más. Ese querer superarse lo muestran los alumnos que siempre han sido muy aplicados porque se genera un espíritu competitivo que hace que los buenos alumnos también se esfuercen más para quedar entre los mejores de la clase.

Adicionalmente merece la pena mencionar que a lo largo del curso los alumnos tienen que realizar una presentación de un trabajo en equipo y al finalizar dicha presentación ellos mismos han decidido presentar un cuestionario a través de la plataforma de kahoot con la finalidad de evaluar a sus compañeros de los contenidos que han explicado. De esta manera, parece que lo consideran un mecanismo útil en el aprendizaje y que ellos mismos aplicarían porque les ha servido de gran utilidad.

Entre las numerosas ventajas para el profesor de aplicar esta herramienta sería la gran cantidad de información que aporta. Dicho de otra forma, muestra un *feedback* inmediato para el profesor y permite disponer de una evaluación más continua en el tiempo. A través de esta metodología se genera un mayor dinamismo en clase permitiendo una mayor interacción entre el estudiante y el profesor. Además ayuda a identificar cuáles son las principales carencias de nuestros alumnos, permitiendo conocer cuáles son los conceptos que no han quedado suficientemente claros o en qué partes se debe incidir más haciendo más ejercicios prácticos. Nos puede permitir considerar llevar a cabo otro tipo de actividades complementarias como podrían ser invitar a expertos en la materia para afianzar los conocimientos, elaborar casos prácticos donde ellos mismos sean los protagonistas, entre otras.

Conclusiones

Siguiendo los objetivos del EEES, donde los egresados no sólo deben conocer los conceptos sino también disponer de la habilidad para poder aplicarlos, adaptarlos, explicarlos, desarrollarlos,...la enseñanza universitaria debe incorporar a sus aulas universitarias metodologías didácticas que promuevan este tipo de competencias que demanda el mercado laboral (DESECO-OCDE, 2002; MEC, 2006, entre otros). Este ejemplo de gamificación que se ha puesto en práctica en la asignatura de Macroeconomía parece una herramienta que permite contribuir al desarrollo de este tipo de habilidades que les garantiza adaptarse a un contexto social, laboral, cultural y económico en constante mutación gracias al empleo de las TIC.

Es preciso aclarar que uno de los requisitos de los alumnos tanto en la metodología únicamente tradicional como en las nuevas metodologías que también apuestan por estrategias más activas y dinámicas en el aula universitaria es la dedicación de muchas horas de trabajo. Se trata de que el estudiante dedique las horas necesarias para la comprensión de la asignatura pero buscando aquellas herramientas que faciliten el aprendizaje de una forma más eficaz y duradera. Por esta razón, considero que es necesario llevar a cabo en las aulas universitarias metodologías docentes complementarias a las tradicionales con la finalidad de enriquecer el proceso de enseñanza-aprendizaje.

Referencias bibliográficas

Acosta-Silva, D. A. (2017). Tras las competencias de los nativos digitales: avances de una metasíntesis. Revista Latinoamericana de Ciencias Sociales, Niñez y Juventud, 15 (1), 471-489.

Alejandre, J. L. (2015). Buenas prácticas en la docencia universitaria con apoyo de TIC. Experiencas en 2015. Zaragoza, Prensas de la Universidad de Zaragoza.

Area, M. (2008). Innovación pedagógica con TIC y el desarrollo de competencias informacionales y digitales. Investigación en la escuela Vol.64, 5-18.

Asensio, M., Ibáñez, A. y Vicent, N. (2012). Aprendizaje informal, patrimonio y dispositivos móviles. Evaluación de una experiencia en educación secundaria. Didáctica de las ciencias experimentales y sociales Vol. 26, 3-18.

Benito, A. y Cruz, A. (2011). Nuevas claves para la docencia universitaria. Madrid: NARCEA, S. A. de Ediciones.

Bennett, S., Maton, K. y Kervin, L. (2008). The digital natives debate: a critical review of the evidence. British Journal of Educational Technology, 39 (5), 775-786.

Brazuelo Grund, F. y Gallego Gil, D. J. (2014). Estado del Mobile Learning en España. Educar en Revista Vol. 4, 99-128.

Buzo, I. (2015). Posibilidades y límites de las TIC en la enseñanza de la Geografía. Aracne, 195.

Cánovas, G., García, A., Oliaga, A. y Aboy, I. (2014). Menores de edad y conectividad móvil en España: tablets y smartphones. Centro de Seguridad en Internet para los menores en España. PROTEGELES.

Castells, M., Fernández-Ardevol, M., Linchuan Qiu, J. y Sey, A. (2007). Mobile communication and society: a global perspective. Cambridge: MIT Press.

Comeig, I., Jaramillo-Gutiérrez, A. y Ramírez, F. (2011). Experimentos interactivos para la enseñanza de Economía y Finanzas. En Experiencias de Innovación Docente en Estadística, 191-201.

Comisión Europea (2005). Propuesta de recomendación del Parlamento Europeo y del Consejo sobre las competencias clave para el aprendizaje permanente.

Cortizo Pérez, J. C., Carrero García, F., Monsalve Piqueras, B., Velasco Collado, A., Díaz del Dedo, L.I. y Pérez Martín, J. (2011), Gamificación y docencia: lo que la universidad tiene que aprender de los videojuegos. En Retos y oportunidades del desarrollo de los nuevos títulos en educación superior. VIII Jornadas Internacionales de Innovación Universitaria, Madrid.

Del Ramo, J. J. y López, N. (2008). Respondus, un programa para la creación y publicación de cuestionarios. @tic revista d'innovació educativa, Vol. 1, 79-81.

Dellos, R. (2015). Kahoot! A digital game resource for learning. International Journal of Instructional Technology and Distance Learning Vol. 12 (4), 49-52.

DESECO-OCDE (2002). Definition and selection of competencies: Theoretical and conceptual foundations. Summary of the final report "Key competencies for a successful life and a well-functioning society".

Deterding, S., Khaled, R., Nacke, LE. y Dixon, D. (2011). Gamification: towards a definition en CHI 2011. Vancouver. AMC 978-1-4503-0268-5/11/05.

Fajardo, I., Villalta, E. y Salmerón, L. (2015). ¿Son realmente tan buenos los nativos digitales? Relación entre las habilidades digitales y lectura digital. Anales de Psicología, 32 (1), 89.

Fernández March, A. (2006). Metodologías activas para la formación de competencias. Educatio siglo XXI (24), 35-56.

Fernández Rodrigo, L. (2016). El uso didáctico y metodológico de las tabletas digitales en aulas de Educación Primaria y Secundaria de Cataluña. Pixel-Bit. Revista de Medios y Educación Vol. 48, 9-25.

Ferro, C. A., Martínez, A. I. y Otero, M. C. (2009). Ventajas del uso de las TIC en el proceso de enseñanza-aprendizaje desde la óptica de los docentes universitarios españoles, en Edutec: Revista electrónica de tecnología educativa, Vol. 29, 1-12.

Gaitán, V. (2013). Gamificación: el aprendizaje divertido. En E-ducativa Educación Virtual S. A. Alcalá de Henares.

Gisbert, M. y Lázaro, J. (2015). Professional development in teacher digital competence and improving school quality from the teacher's perspective: a case study. NAER-Journal of New Approaches in Educational Research Vol. 4 (2), 115-122.

González, C. S., Mora, A., Moreno, L. y Candelaria, M. (2014). Actividad física y síndrome de Down: un enfoque gamificado basado en TIC. III Jornadas de buenas prácticas en atención a la diversidad: ¿Qué aportan las TIC? Universidad de La Laguna, San Cristóbal de La Laguna (Santa Cruz de Tenerife).

González, C. X. y Solovieva, Y. (2017). Efectos del juego grupal en el desarrollo psicológico de un niño con síndrome de Down. Pensamiento Psicológico Vol. 15 (1), 127-145.

Gray, K. y Krause, K. L. (2008). First year student's experiences with technology: are they really digital natives? Australasian Journal of Educational Technology, 24 (1), 108-122.

Gumbau-Albert, Mª, García-Cárceles, Bª, Marían, A., Pastor, J. M. y Villagrasa, J. (2016). Clickers y exámenes tipo test, herramientas interactivas de evaluación continua. IN-RED 2016 Congreso Nacional de Innovación Educativa y de Docencia en Red.

Hargittai, E. y Hinnant, A. (2008). Digital inequality differences in young adults' use of the Internet. Communication Research, 35 (5), 602-621.

Helsper, E. J. y Eynon, R. (2010). Digital natives: where is the evidence? British Educational Research Journal, 36 (3), 503-520.

Huertas, J. A. (1996). "Motivación en el aula" y "Principios para la intervención motivacional en el aula", en: Motivación. Querer aprender, Aique, Buenos Aires, 291-379.

Kapp, K. (2013). The gamification of learning and instruction fieldbook: ideas into practice. San Francisco, CA: Wiley.

Koster, R. (2013). Theory of fun for game design. California: O'Reilly Media, Inc.

LLorenc, F. (2012). Tendencias TIC para el apoyo a la Docencia Universitaria. Madrid: Conferencia de Rectores de las Universidades Españolas (CRUE).

Marín Suelves, D. (2016). Valoración del uso de WhatsApp en la tutorización del TFG. I Congreso Virtual Internacional de Educación, Innovación y TIC (EDUNOVATIC), 671-673.

Marqués, P. y Quesada, C. (2013). Buenas prácticas para el uso didáctico de las aulas 2.0: formaicón, modelos didácticos, ventajas e inconvenientes. Educatio Siglo XXI Vol.31 (1), 213-234.

Martínez González, J. A. (2011). La motivación para aprender en el Espacio Europeo de Educación Superior. Cuadernos de Educación y Desarrollo, Vol. 3 (25). http://www.eumed.net/rev/ced/25/jamg.htm

Mauricio, M. D., Serna, E. y Valles, S. L. (2015). Experiencias en la aplicación de la gamificación en 1º curso de grado de Ciencas de la Salud. Congreso de Innovación Educativa y Docencia en Red. Universitat Politécnica de València.

MEC (2006). Directrices para la elaboración de títulos universitarios de Grado y Máster. *Enlace: http://wwwn.mec.es/mecd/gabipren/documentos/directrices.pdf*

Míguez Palermo, M. (2006). ¿Motivar en la universidad? Motivación y rendimiento académico. Disponible en: http://revista.iered.org/vln3/html/mmiguez.html.

Pastor, J. M. (2009). Los formularios en línea como herramienta telemática para interactuar con los estudiantes. @tic revista d'innovació educativa, Vol. 3, 79-83.

Pérez Miras, S. D. (2017). El uso de los dispositivos móviles en clase de Historia: experiencia de uso de Kahoot como herramienta evaluadora. Didáctica, Innovación y Multimedia Vol. 35, 1-11.

Pozo, I. (1999). Aprender y enseñar ciencia. Ed. Morata.

Ramírez Gogollor, J. L. (2014). Gamificación: mecánicas de juegos en tu vida personal y profesional. Madrid: SLibro.

Rodríguez, I. (2009). Métodos y herramientas innovadoras para potenciar el proceso de aprendizaje del alumno en el EEES, Valladolid, Universidad Europea Miguel de Cervantes, Colección Scholaris, 1.

Romero, M. y Pérez Ferra, M. (2009). Cómo motivar a aprender en la universidad: una estrategia fundamental contra el fracaso académico en los nuevos modelos educativos. Revista Iberoamericana de Educación, Vol. 51, 87-105.

Salinas, J. (2004). Innovación docente y uso de las TIC en la enseñanza universitaria. Revista Universidad y Sociedad del Conocimiento, Vol. 1 (1), 1-16.

Sarango, A. K. y Torres, V. J. (2015). Desarrollo e implementación de un sistema basado en gamificación para aumentar el aprendizaje de los estudiantes con discapacidad intelectual leve (tesis de grado). Universidad Nacional de Loja, México.

Sarramona, J. (2004). Las competencias básicas en la educación obligatoria. Barcelona: CEAC.

Tejedor, F. J. y García-Valcárcel, A. (2007). Causas del bajo rendimiento del estudiante universitario (en opinión de los profesores y alumnos). Propuestas de mejora en el marco del EES. Revista de Educación, Vol. 342, 443-473.

Vidal Esteve, M. I., Marí, M. L., Suelves, D. M. y Chacón, J. P. (2017). Gamificación e intervención en discapacidad intelectual. Book of abstracts. 1st International Virtual Conference on Educational Research and Innovation, CIVINEDU'17, Adaya Press.

Villagrasa, J., Marín, A. y Pastor, J. (2016 b). La aplicación TurningPoint como herramienta de aprendizaje transformacional en los procesos educativos. @tic revista d'innovació educativa.

Villalustre, L. y Moral,, M. E. (2015). Gamificación: estrategia para optimizar el proceso de aprendizaje y la adquisición de competencias en contextos universitarios. Digital Education Vol. 27, 13-31.

Werbach, K. (2014). (Re) Defining Gamification: a process approach en Spagnolli, A. Persuasive Tecnology: persuasive technology lecture notes in computer science. Switzerland. Springer International Publishing. (8462), 266-272.

CAPÍTULO II

LAS IMPLICACIONES DE LAS NUEVAS TECNOLOGÍAS EN LA DOCENCIA UNIVERSITARIA

Dra. Anelí Bongers Chicano
Universidad de Málaga, España

Resumen

Las Tecnologías de la Información y Comunicación (TIC) afectan profundamente a la economía y a la sociedad, de hecho está considerada como la revolución digital más importante y sólo comparable a la Revolución agrícola y a la industrial. Los alumnos van un paso por delante de los docentes en la adquisición de este tipo de tecnología, para su uso fraudulento y así superar los exámenes sin ningún tipo de esfuerzo. Los dispositivos más utilizados por ellos son: smartphones, pinganillos, gafas con tecnología adaptada, bolígrafos, utilización de Webs que ayudan a copiar miniaturizando todo tipo de documento. Pudiendo grabar las preguntas y transmitirlas a tiempo real a un enlace externo. Este avance tecnológico está generando un problema en las aulas. Los docentes estamos un poco indefensos ante este avance, disponemos de muy pocas herramientas para detectar e imposibilitar dicha fraude. El reto por parte de la sociedad, la Universidad y los docentes es cambiar y adaptarse a la tecnología, siempre intentando proteger el sistema.

Palabras clave: Tecnología, innovación, docencia.

Códigos JEL: A10, A23, 033

Introducción

La Cuarta Revolución Industrial o la Revolución 4.0, como puede ser también conocida, sólo es comparable con la Primera Revolución Industrial. Siendo la primera revolución que se está produciendo en la era moderna, calando en todos los estratos de la sociedad, al igual que ocurrió en la Primera Revolución Industrial, la cual supuso cambios en todos los estratos sociales y laborales, creado adicionalmente nueva maquinaria. Según Schwab, director ejecutivo del foro económico mundial (WEF), "La cuarta revolución industrial, no se define por un conjunto de tecnologías emergentes en sí mismas, sino por la transición hacia nuevos sistemas que están construidos sobre la infraestructura de la revolución digital (anterior)". La diferencia de esta nueva revolución con las anteriores es que se está produciendo a un ritmo vertiginoso y que está teniendo un gran alcance e impacto en todo el mundo. Esta nueva Revolución Industrial se podría definir como la creación de una industria más inteligente capaz de organizar los métodos productivos para lograr una mayor eficiencia y lograr que las tasas de productividad sean lo más altas posibles. En definitiva, esta Revolución consiste básicamente en la digitalización de la industria. Las TICs han cambiado las tareas laborales en los puestos de trabajo. Con la posibilidad de descargar al hombre de trabajos muy duros y monótonos, como puede ser la inclusión del ordenador en el proceso productivo. Este avance tecnológico ha sido reflejado en todo tipo de áreas, desarrollando multitud de dispositivos para cada necesidad.

Entre los beneficios de esta Revolución se encuentran que se puede conectar a toda la población mundial a las redes digitales, progresa la capacidad de las distintas organizaciones lo que favorece la reducción de costes, hay una mayor competitividad empresarial de manera que se da una mayor respuesta a las necesidades de los consumidores y del mercado en general, la producción se hace de manera ininterrumpida y sin errores provocando también una reducción del tiempo de producción, etc. En definitiva la Cuarta Revolución Industrial tiene un sinfín de beneficios, pero no hay que olvidar que también tiene una serie de inconvenientes que habría que tener en cuenta. Entre estos inconvenientes podemos destacar que se está produciendo una gran brecha digital ya que no todas las organizaciones o países están adaptándose a estas nuevas metodologías al mismo ritmo ya que, aunque los países emergentes son los que pueden crecer a un ritmo mayor que los países desarrollados, éstos no disponen de la misma capacidad de adaptación. Otros inconvenientes son que aparece una gran cantidad de problemas de seguridad sobre todo relacionados con la protección de datos ya que hoy en día todos los datos se encuentran en la red con el big data; como consecuencia de que estos cambios se producen con gran rapidez hay que ir innovándose y adaptándose a este ritmo para que las tecnologías no se queden obsoletas; este avance tecnológico puede provocar que haya desigualdades y diferencias sociales; los gobiernos y las leyes no avanzan al mismo ritmo que la tecnología necesita, etc. Sin embargo, a pesar de estos inconvenientes es inevitable adaptarse a estos cambios que se están produciendo ya que además los beneficios que puede reportar en un futuro son mucho mayores.

Esta digitalización está provocando muy diversas transformaciones en la educación, ya que al igual que todo, la educación también tiene que adaptarse a esta nueva era. Con la Cuarta Revolución Industrial aparecen nuevos métodos de enseñanza en los que las plataformas virtuales de enseñanza cobran una gran importancia. Estas plataformas son herramientas Web que facilitan en gran medida el proceso de enseñanza-aprendizaje ya que incorporan nuevos métodos más didácticos, facilitan la comunicación entre alumnos y docentes y acentúan la colaboración y participación por parte de los alumnos. Este avance tecnológico ha posibilitado a los alumnos a tener información más rápida y de una forma más eficiente. Dicha mejora ha facilitado el almacenaje de información, así como su trasmisión.

Para lograr este tipo de transformaciones en la educación lo primordial y más necesario es lograr una buena formación de los docentes tanto inicial como continua, ya que los docentes son los que tienen que enseñar y orientar a sus alumnos en la educación por lo que es importante que los docentes tengan una formación continua para poder introducir en sus aulas las Nuevas Tecnologías de manera que se sientan más seguros. No solo es necesaria una buena formación de los docentes, sino que los centros escolares estén dotados de buenas infraestructuras como redes inalámbricas estables y seguras, conexión a Internet, herramientas como ordenadores, pizarras virtuales, software, etc. Además, los padres también tienen que adaptarse a este tipo de cambios ya que con los nuevos métodos de la educación se puede llevar a cabo una educación a distancia de manera que en sus casas también tienen que disponer de este tipo de herramientas y los padres deberían de tener una pequeña formación en las TIC para poder ayudar a sus hijos.

Con la implementación de las TIC en las aulas se persiguen una serie de objetivos tanto a corto como a largo plazo. Entre los objetivos a corto plazo podemos destacar que se pretende que el alumno se relacione más con el mundo de las tecnologías desde un punto de vista educativo, incorporándolo así como método imprescindible en el proceso de enseñanza-aprendizaje; enseñar a los alumnos a realizar un uso correcto y efectivo de las Nuevas Tecnologías y mostrarles los efectos tan perjudiciales que podría tener un uso abusivo de las mismas; favorecer una educación basada en la colaboración y trabajo grupal gracias a las actividades que proponga el profesor a través de foros o campus virtuales; posibilitar una educación más autónoma por parte del alumno de manera que ellos mismos puedan buscar información para llevar a cabo el proceso de aprendizaje. Para conseguir este objetivo de que los alumnos adquieran una mayor autonomía en su educación es necesario llevar a cabo una formación de los alumnos para que puedan comprobar la veracidad de las fuentes y no conformarse con la primera información que encuentren, ya que en muchas ocasiones están incompletas o proceden de fuentes que no son fiables.

Entre los objetivos a largo plazo más destacables son: lograr que los alumnos adquieran una mayor motivación por aprender gracias a los métodos más dinámicos que se están llevando a cabo con las TIC de manera que el alumno tenga un mayor interés y se reduzca la tasa de abandono escolar; dotar al centro de infraestructuras tales como ordenadores, pizarras electrónicas, software, redes inalámbricas, etc. posibilitando así la incorporación de las Nuevas Tecnologías en la educación; lograr una adecuada formación de los docentes para que puedan incluir herramientas como webs docentes o campus virtuales en el proceso de enseñanza de manera que se sientan más seguros a la hora de enfrentarse a estas tecnologías; adaptarse continuamente a los cambios ya que las Nuevas Tecnologías avanzan a un ritmo imparable y no podemos quedarnos obsoletos en las aulas, por lo que hay que llevar a cabo un continuo mantenimiento de las infraestructuras, etc.

En este trabajo vamos a exponer aspectos como los cambios y el impacto que se está produciendo en la educación con la introducción de las Nuevas Tecnologías en las aulas; los beneficios y riesgos que reporta las nuevas metodologías tanto para los alumnos como para los docentes en el proceso de enseñanza-aprendizaje; las diferentes herramientas que se usan en la docencia con esta nueva Revolución Industrial; los problemas que se dan hoy día para la introducción de las TIC en la docencia; etc.

Las Nuevas tecnologías y sus implicaciones en la docencia

La Nueva Revolución industrial ha calado en todas las capas de la sociedad, incluyendo cambios en la docencia. Actualmente los docentes están en la tesitura de que deben de cambiar su forma de impartir clase y la imposibilidad de ponerlo en marcha debido a la falta de recursos. Esto es debido a que las Administraciones Públicas (AAPP) no invierten lo suficiente en este tipo de partidas.

Nos encontramos con dos tipos de agentes en las aulas. Por un lado, los alumnos poco motivados, son agentes que están deseosos de captar información, pero de una forma inmediata. Por otro lado, los docentes que aunque deseen cambiar la forma de impartir la docencia se ven imposibilitados por falta de recursos. Con la incorporación de las Nuevas tecnologías en las aulas, se fomentaría una docencia más dinámica y adaptada a las necesidades de los alumnos, evitando el fracaso escolar.

Gracias a la introducción de las TICs en la docencia se están produciendo muchos cambios que en general están teniendo un impacto positivo en el proceso de enseñanza-aprendizaje. Con las la aparición de la Nuevas Tecnologías y la inclusión en la sociedad, como Internet tanto alumnos como profesores tienen acceso a una gran cantidad de información, las cuales pueden resultar de gran utilidad para la inclusión en el sistema educativo, siempre y cuando los alumnos aprendan a obtener información a través de medios seguros y veraces y aprendan a utilizar esa información en beneficio de su aprendizaje. Por otro lado, con la introducción de las TIC en la educación se están produciendo nuevas formas de enseñanza que resultan más beneficiosas para el alumnado al ser métodos más dinámicos que propician la comunicación entre alumnos y profesores, los alumnos se muestran más colaborativos y participativos y además se lleva a cabo una educación más personalizada centrada en las necesidades de cada estudiante y respetando el ritmo de aprendizaje de cada alumno, ya que no todos los alumnos son capaces de aprender a un mismo ritmo. Los profesores además, adquieren un nuevo rol ya que dejan de dar una clase más magistral y pasan a ser orientadores de sus alumnos, de manera que los alumnos puedan llevar a cabo un aprendizaje más autónomo en el que ellos mismos pueden buscar la información necesaria, con orientación de los docentes.

En la literatura sobre crecimiento económico, el enfoque del crecimiento endógeno (Arrow 1962, Helpman, 2004) considera que el crecimiento económico se ve favorecido gracias a la difusión del conocimiento y el aumento del nivel tecnológico. Esto se consigue gracias a los gastos en capital humano; es decir, gastos en investigación y desarrollo (I+D) y en educación y formación. Como enfoque complementario al del crecimiento endógeno, la hipótesis del acercamiento tecnológico (Abramovitz, 1986), sostiene que las diferencias tecnológicas son la principal causa de las diferencias de productividad entre los países.Otro de los cambios positivos que se producen con la introducción de estas Nuevas Tecnologías es que se favorece la comunicación alumnos-profesores y también entre los propios alumno,s tanto de manera sincrónica (es decir, en el mismo tiempo y lugar) como asincrónica (no tienen por qué coincidir en el tiempo). La existencia de herramientas tecnológicas tales como foros, correos electrónicos o campus virtuales favorece que haya una mayor comunicación y que los alumnos puedan realizar tutorías a distancia, ya que hay alumnos que les cuesta más trabajo hablar en público para resolver las dudas. Al ser tímidos a la hora de expresar sus dudas, la mayoría de ellos se van a casa con las dudas sin resolver por lo que gracias a estas herramientas los alumnos tienen la oportunidad de resolver cualquier tipo de problema que se les plantee.

Este tipo de educación está generando poco a poco que se reduzca la tasa de abandono escolar gracias a que la educación se hace más dinámica, aprenden más rápido, se personaliza el proceso de enseñanza-aprendizaje atendiendo a las necesidades de cada estudiante, tienen una mayor flexibilidad a la hora de estudiar ya que pueden hacerlo a distancia en cualquier momento, tienen una mayor cantidad de herramientas para favorecer el aprendizaje, se da una mayor colaboración y participación en las aulas, etc.

Pero para poder introducir todo este tipo de cambios en la docencia es necesario llevar a cabo una formación continua de los profesores para que de esta manera puedan orientar a sus alumnos, que los docentes tengan una actitud positiva y ganas para realizar este tipo de cambios ya que requiere mucho tiempo, dotar a las escuelas de infraestructuras necesarias tales como ordenadores y redes inalámbricas estables, fijar con claridad los objetivos a perseguir con la introducción de las TIC para saber a dónde queremos llegar y por supuesto disponer de ayudas financieras procedentes de Administraciones públicas ya que el mantenimiento o reemplazamientos de las infraestructuras, las instalaciones electrónicas o la adquisición de software tiene un coste que hay que afrontar, por lo que disponer de recursos financieros es algo elemental. En el año 2002 el 82% del gasto público destinado a la docencia fue dedicado a la compra de ordenadores, lo cual supone una tercer parte del total del presupuesto de todas las universidades. Sin embargo, hay que tener en cuenta que pese a que es un porcentaje elevado, es necesario llevar a cabo una mayor inversión ya que las Nuevas Tecnologías avanzan a ritmo vertiginoso por lo que es necesario una constante renovación y mantenimiento para que no queden obsoletos. En general, habría que llevar a cabo un mantenimiento constante por si se estropean estas infraestructuras y habría que renovar estas tecnologías en un plazo más o menos de cuatro a siete años (Angrist y Lavy, 2002). Además, hay que tener en cuenta que también hay que invertir grandes cantidades en la continua formación del profesorado ya que sin esta formación es imposible que la introducción de las TIC en la docencia tenga unos efectos positivos para el proceso de enseñanza-aprendizaje. Sin embargo, las Administraciones Publicas se muestran en ocasiones a realizar grandes inversiones en este ámbito ya que se tarda mucho tiempo en observar cambios y mejoras en la educación como consecuencia de la introducción de las Nuevas Tecnologías.

Sin embargo, muchos docentes se muestran reacios a aplicar las Nuevas Tecnologías en la educación debido al miedo que sienten por el uso de cualquier tecnología, fenómeno conocido como "tecnofobia". Este rechazo que sienten los profesores se debe sobre todo al escaso conocimiento que tienen sobre este campo, a la insuficiencia de medios, además de que no hay estudios que verifiquen la efectividad del uso de las Nuevas tecnologías en la educación.

Para acabar con la "tecnofobia" es necesario llevar a cabo un programa de formación entre los profesores, ya que si estos no están formados adecuadamente pueden sentirse inseguros o incluso inferiores a los alumnos, ya que hoy día los niños crecen con todo tipo de tecnologías tales como móviles, ordenadores, videojuegos, etc. lo que hace que dominen mucho mejor todo tipo de tecnologías que los de generaciones más mayores. Por ello, los profesores pueden sentir recelo de perder autoridad y verse superado por sus alumnos.

Por tanto, uno de los factores más importantes para que los docentes utilicen las Nuevas Tecnologías en la educación es llevar a cabo una buena formación. Esta formación de los docentes no tiene que hacerse sólo en las etapas iniciales de esa profesión, sino que debe llevarse a cabo de una manera continuada y permanente en el tiempo. Esta formación debe darse por un lado de una manera generalizada, ya que la mayoría de los actuales profesores no han sido formados para impartir clases con ayuda de las Nuevas Tecnologías y, por otro lado, es necesario llevar a cabo una formación más personalizada dependiendo de las carencias de cada docente así como de los nuevos avances que se vayan produciendo en este campo. Debido al continuo avance de las TIC es necesario llevar a cabo un continuo programa de formación hacia el profesorado para que estos puedan adaptarse a los nuevos métodos de comunicación con los alumnos así como a los nuevos modelos de enseñanza.

Un estudio realizado por Blinklearning con ayuda de la Universidad Rey Juan Carlos acerca del uso de las Tecnologías en los colegios revela que el 63,6% del profesorado perteneciente a España y Latinoamérica reconocen la falta de conocimientos sobre las tecnologías. Este estudio también desvela que las principales ventajas que tiene la utilización de las tecnologías en la enseñanza es la posibilidad que tienen de personalizar los contenidos que imparten a sus alumnos propiciando un buen clima de comunicación entre profesores y alumnos. Además, el 93% de los encuestados en este estudio sugiere introducir el uso de las tecnologías en las clases para mejorar las deficiencias que existen hoy día en la educación ya que piensan que con estos métodos el alumno puede aprender mejor de una manera más práctica y dinámica de manera que no pierda la atención, ya que cuanto más tiempo pasa un estudiante en una clase observando y ayudando al profesor mejor es su preparación (Beyer, 1990).

Para realizar todo este cambio hacia una educación en torno a las TICs es necesario disponer de medios suficientes así como una buena financiación del gasto público en la educación, desde la formación de los docentes hasta la introducción de todo tipo de Nuevas Tecnologías y herramientas entre las que no solo se encuentran los ordenadores, sino también otro tipo de herramientas entre las que cabe destacar las pizarras electrónicas, correo electrónico, campus virtuales, acceso a Internet, páginas web para la docencia, etc. Es deber del profesorado llevar a cabo una correcta incorporación de las TIC en la docencia a través de una correcta formación y una adecuada planificación de su programa docente que se adapte a las necesidades de sus alumnos. Además, hoy día hay múltiples razones del por qué deberíamos de incorporar las TIC en el ámbito educativo. Entre estas razones podemos destacar que el alumno lleva a cabo un papel más activo y autónomo en la elaboración de su propio aprendizaje, presentan un mayor grado de motivación e interés debido a que se dan clases más dinámicas en la que los alumnos se muestran más participativos y colaborativos, hay una mayor interacción entre alumnos y profesores, tanto el alumno como el profesor adquieren una mayor flexibilidad y la posibilidad de realizar un adecuado proceso de enseñanza-aprendizaje a distancia, etc. Para que todo ello tenga efectos positivos sobre la educación es necesario llevar a cabo una "alfabetización digital" que consiste en favorecer el acceso de la información y el conocimiento a la sociedad. Esta alfabetización digital se logra a través del aprendizaje de las Nuevas Tecnologías, de la formación para llevar a cabo un uso adecuado de las TIC y/o a través del desarrollo del conocimiento de los lenguajes informáticos entre otros.

Para favorecer este uso las Administraciones Públicas tienen que realizar programas de formación continuada del profesorado y programas que refuercen el aprendizaje en estas Nuevas Tecnologías, además, tienen que facilitar que los diferentes centros educativos dispongan de las infraestructuras necesarias y los medios necesarios para llevar a cabo esta introducción de las Tecnologías de la Información y la Comunicación en la educación. Sin embargo, si bien es cierto que el gasto público para las Administraciones Públicas así como las Universidades públicas han aumentado más del 4% desde 2014 a 2015 según los datos del INE situándose en 46.624,4 millones de euros, todavía hay muchas deficiencias por lo que es necesario llevar a cabo una mayor inversión.

En el siguiente grafico se puede observar el gasto público en educación según la actividad educativa en donde se puede observar que el mayor porcentaje de gasto público es en la Educación Primaria, infantil y especial situándose en un 34%, seguida por la formación secundaria con un 29%.

Las implicaciones del uso de las Nuevas Tecnologías en las aulas.

Las implicaciones del uso de las Nuevas Tecnologías en las aulas

La inclusión de las Nuevas Tecnologías en las aulas no tienen que ser positivas por definición, de hecho cuando hablamos que los alumnos están muy vinculados a las Nuevas Tecnologías eso implica que ellos van por delante en el uso de las TICs.

Antes de que la Cuarta Revolución calara en nuestra sociedad los alumnos solían copiar los exámenes mediante métodos más rudimentarios y fácil de captar por parte del profesor. Véanse como ejemplos los siguientes:

Figura 1: Chuleta en piernas

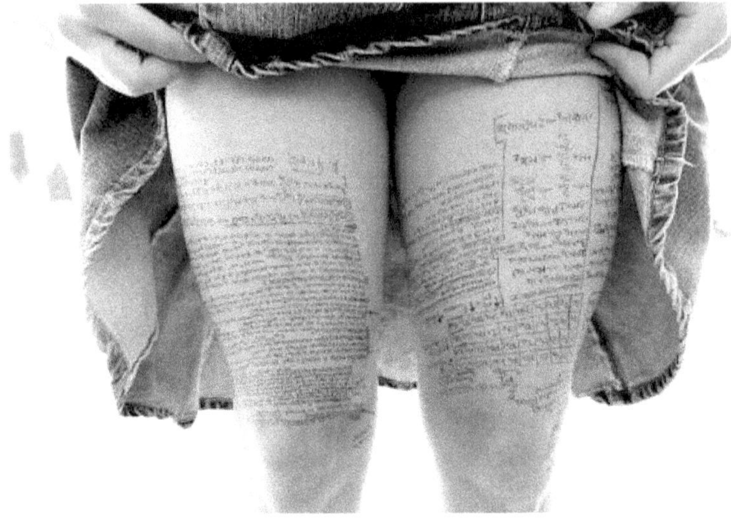

Fuente: Web www.noestudies.com

Figura 2: Chuleta en zumo

Fuente: Web www.noestudies.com

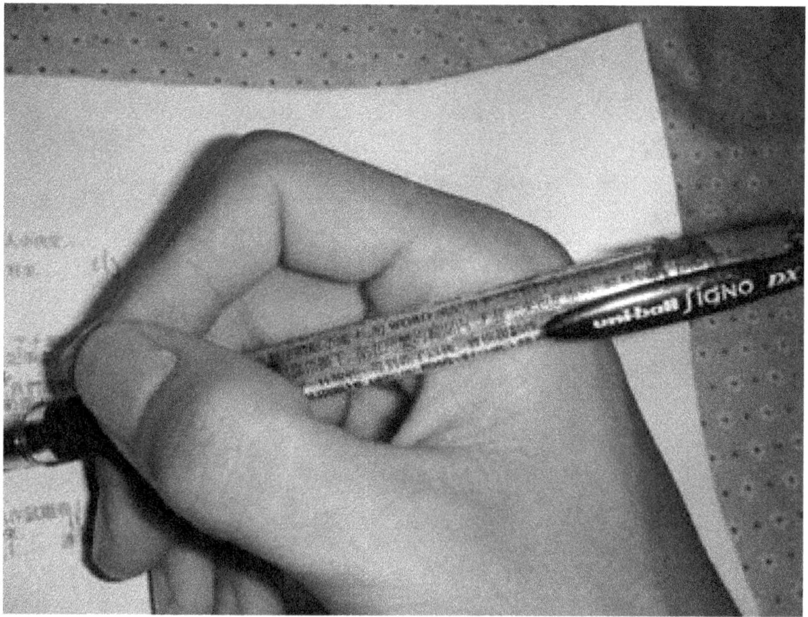

Figura 3: Bolígrafo pintado

Fuente: Web www.noestudies.com

En la actualidad con la inclusión de las Nuevas Tecnologías los alumnos han podido acceder a sistemas de copiado mucho más sofisticados y más difícil de captar por parte de los docentes. Aunque siguen existiendo los métodos tradicionales, es decir las chuletas. Ahora pueden obtenerlas de una forma más sofisticadas utilizando las diferentes Webs que te permiten hacerlas, pudiendo elegir el tamaño, alto y ancho, tipo de letra, asignatura, interlineado.

Podemos encontrar otros tipos de sistemas electrónicos dedicados a la misma función, que aunque en un primer momento eran bastante caros, en la actualidad se pueden encontrar a precios accesibles, incluso pudiéndose encontrar en el mercado de segunda mano. A continuación muestro una serie de ejemplos gráficos:

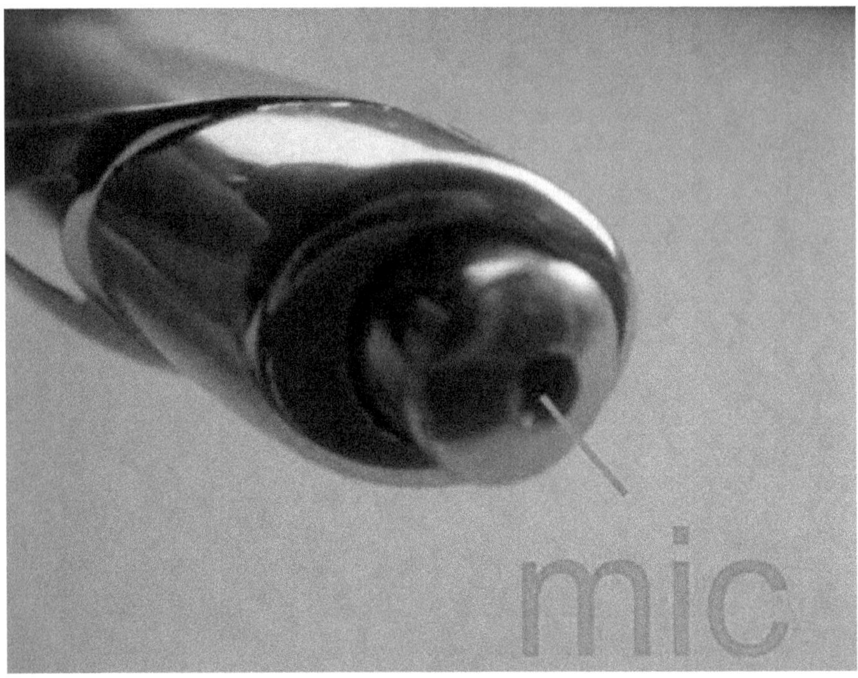

Fuente: amazon

Dentro de la variedad de los bolígrafos hay un abanico muy amplio de estos. Podemos encontrar los que tan sólo pueden grabar imagen hasta los que tienen micrófono y se conecta vía bluetooth con nuestro smatphone u otro que esté fuera del examen. Los precios de estos oscilan de 11€ el más económico, con cámara de vídeo. Mientras que los más caros costarían unos 40€, disponen de las siguientes características, grabador de voz digital, de 16GB, reproductor de MP3 3.

Figura 5: Pingranillo tiny

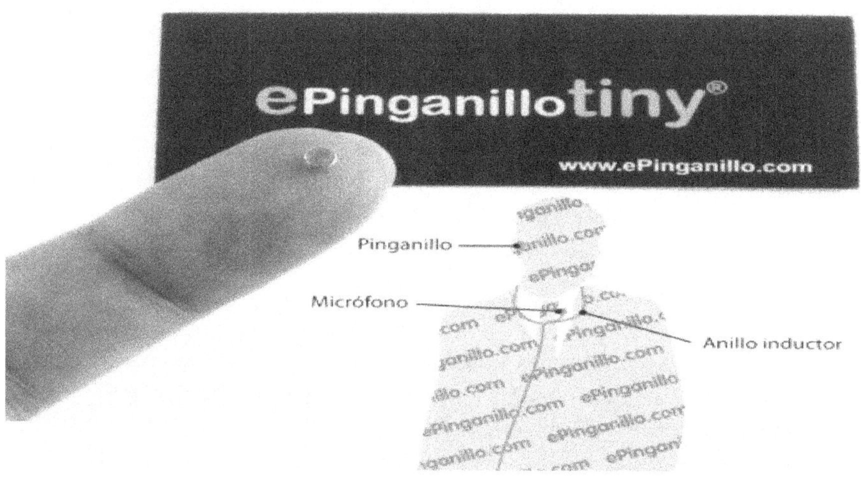

Este tipo de pinganillo tiene un precio de 299€, es tan pequeño que es imposible poderse ver a simple vista. La única forma de poder extraerlo del oído es usando un imán. En el mercado de segunda mano alcanza 50€ por examen, dentro del servicio tan sólo entra el alquiler del mismo.

Figura 6: Gafas google de fabricación propia

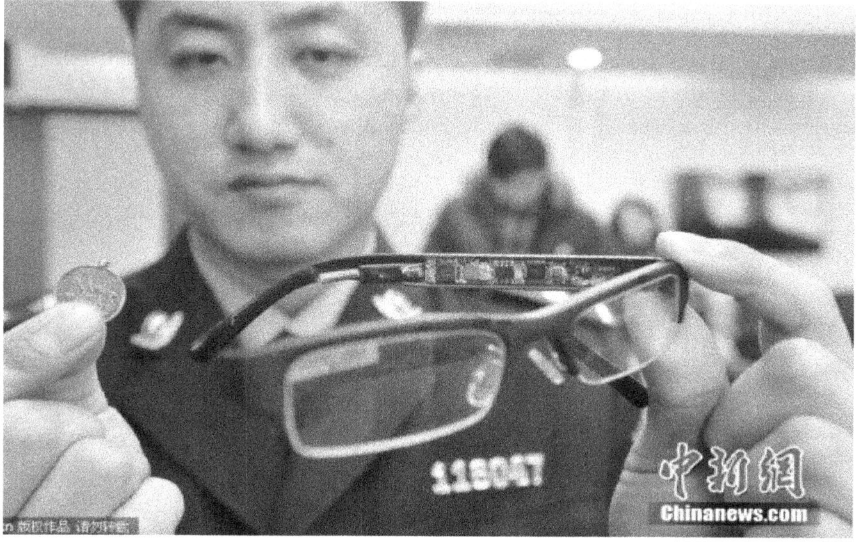

También podemos encontrar la forma de poder realizar nuestras propias gafas google. Te venden un kit compuesto por una cámara que puedes insertar fácilmente en unas gafas y un micrófono para insertar en una medalla.

Ante este tipo de avance tecnológico los docentes estamos un poco desamparados, ya que son tecnologías muy difíciles de detectar a simple vista y no disponemos de otras tecnologías para poder contrarrestar este tipo de uso. En el caso de España están prohibidos los inhibidores de frecuencia, por lo que es difícil de frenar este tipo de uso fraudulento.

Conclusiones

Las implicaciones económicas y sociales que se ha traído consigo la cuarta revolución industrial ha posibilitado dar un cambio en la docencia y en la forma de incorporarlo en las aulas.

Es necesario aclarar que los alumnos, tanto impartiendo docencia de manera tradicional como implementando las nuevas tecnologías, las cuales apuestan por estrategias más activas y dinámicas que puedan hacer que el alumno no se sienta desmotivado y participe de una forma más activa en todo el proceso de aprendizaje. Son alumnos que en una pequeña mayoría se sienten muy desmotivados y como consecuencia de esta desmotivación se centran en formas poco leales a la hora de poder superar las asignaturas.

Por esta razón, sería necesario y muy provechoso llevar a cabo en los centros Universitarios metodologías docentes complementarias para enriquecer el proceso y evitar que los alumnos se decanten por este tipo de vía para poder aprobar las asignaturas.

Aunque los docentes ponemos muchas barreras para no se pueda quebrantar la norma, los alumnos siempre consiguen saltarla y de una forma u otra poder acceder a este tipo de estrategias ilícitas.

Referencias bibliográficas

Abramovitz, M. (1986): Catching up, forging ahead, and falling behind, Journal of Economic History, vol. 46, 385-406.

Arrow, K. J. (1962): The economic implications of learning by doing, The Review of Economic Studies, vol. 23 (3), 155-173.

Barreto, H. (2016): Teaching Macroeconomics with Microsoft Excel. Cambridge University Press.

Borrero A. J. (2015). "¿Es la educación virtual buena o mala?" Revista de educación virtual.

Bustillo Porras, V. (2006). "Formación de profesores e instructores en materia de nuevas tecnologías de la información", Teoría de la educación. Universidad Complutense de Madrid.

Cabrol, M. (2010). "TICs en educación: una innovación disruptiva". Aportes, 2.

Calderón Fornais, P. "Actitudes de los docentes ante el uso de las tecnologías educativas. Implicaciones afectivas",

Carceller, I. (2012). "Las nuevas Tecnologías en el aula". Revista sociocultural de Valencia.

Colás Bravo, P. (2010). "Variables docentes y de centro que generan buenas practicas con TIC", Tesis, Universidad de Salamanca.

Conde, A. (2018). "Innovación educativa: La asombrosa tarea de aprender". Revista Misión.

Cooperberg, A. F. (2002). "Las herramientas que facilitan la comunicación y el proceso de enseñanza-aprendizaje en los entornos de educación a distancia", Revista de educación a distancia, 3.

Cortes Trujillo, J. (2018). "El cambio del rol docente en la cuarta revolución industrial en la educación superior", Iberoamérica divulga.

De Pablos Pons, J. et al. (2007). "Buenas practicas con TIC apoyadas en las Políticas Educativas: claves conceptuales y derivaciones para la formación en competencias ECTS", Revista Latinoamericana de Tecnología Educativa, 6 (2), pp. 18-20.

Díaz Barriga Acero, F. (2010), "Los profesores ante las innovaciones curriculares", Revista de educación superior, vol.1 no.1.

Duarte Hueros, A. M. (2009). "Innovación y Nuevas Tecnologías: Implicaciones para un cambio educativo", Revista de educación, 2, pp. 136-138.

Escuela20.com (2018): "Seis obstáculos para implantar las TIC en educación", http://www.escuela20.com/investigacion-herramientas-cosn/articulos-y-actualidad/seis-obstaculos-para-implantar-las-tic-en-educacion_2580_42_4075_0_1_in.html

Fernández Batanero, J.M et al. (2017). "TIC y discapacidad. Principales barreras para la formación del profesorado", Innovación docente y uso de las TIC en educación (UMA editorial).

Figueroa, I. (2011). "Impacto de las TIC en Educación", Blog EduTic.

Gómez Gallardo, L. M. et al. (2008). "Importancia de las TIC en la educación básica regular". Educrea.

González, P. (2016). "Incidencia del abuso de la TIC en preescolares", Blog de ISEP (Instituto Superior de Estudios Psicológicos).

Jiménez del Río, N. (2004). "Ventajas y riesgos de las TIC en la educación"

Muñiz, M. (2017, 26 de septiembre). "El e-learning, un modelo de formación que gana cada vez más adeptos", en El mundo.

Nextu: "Las muchas ventajas de los tutores en línea", https://www.nextu.com/blog/las-muchas-ventajas-de-los-tutores-en-linea/

Paris, J (2016, 4 de julio). "Los profesores reclaman más formación en nuevas tecnologías para trabajar en el aula", en 20 minutos.

Puentes Gaete, A. et al. (2010). "Concepciones sobre las Tecnologías de la Información y la Comunicación: TIC y sus implicaciones educativas", Revista Iberoamericana de ciencia, tecnología y sociedad, pp. 2-4.

Rimari Arias, W. (2002). "La innovación educativa, un instrumento de desarrollo", Universidad autónoma de Aguascalientes, pp. 16-18.

Rodríguez Ojaos, S. (2013). "Los riesgos de la (mala) educación digital", Reflexiones sobre la educación en tiempos de crisis.

Sáez López, J. M. (2010). "Utilización de las TIC en el proceso de enseñanza-aprendizaje, valorando la incidencia real de las tecnologías en las practicas docentes", Revista docencia e Investigación, pp.185-201.

Salinas, J. (2004). "Innovación docente y uso de las TIC en la enseñanza universitaria", Revista Universidad y Sociedad del Conocimiento, 1 (1), pp. 2-4.

Salinas Ibáñez, J. (2008). "Innovación educativa y uso de las TIC", pp.15-26, Universidad de Sevilla.

Sánchez Caballero, D. (2014, 29 de noviembre). "La educación en 2030: una escuela menos relevante y un aprendizaje más individual", en Eldiario.es.

Trigueros Cano, F. J. et al. (2012). "El profesorado de Educación Primaria ante las TIC: realidad y retos", Revista Electrónica Interuniversitaria de Formación del Profesorado, 15 (1), pp. 105-110.

Vera Castro, G. (2012). "Introducción de las TIC's en el proceso de enseñanza-aprendizaje de la lengua castellana", Revista vinculando.

CAPÍTULO III

IMPLICACIONES SOCIOECONÓMICAS DE LA ERA DIGITAL: EDUCACIÓN, CRECIMIENTO Y DESARROLLO

Dr. Carmen Díaz Roldán
Universidad de Castilla-La Mancha, España

José María Pérez de la Cruz
Universidad de Castilla-La Mancha, España.

Resumen

Dentro de las teorías del crecimiento económico el enfoque del crecimiento endógeno considera relevantes las externalidades del capital que favorecen la difusión del conocimiento a través de los gastos en investigación y desarrollo (I+D), y de los gastos en educación y formación del capital humano. Por otra parte, la hipótesis del acercamiento tecnológico considera que la capacitación social es elemento clave para favorecer el crecimiento económico.

En la llamada Era Digital, la capacitación social, puede alcanzarse más rápidamente gracias al uso de las Nuevas Tecnologías (NT). en educación. Con las NT se facilita la formación mediante cursos de aprendizaje on-line y técnicas de asistencia teledirigida. Por lo tanto, existe una mayor facilidad de acceso a la educación y adiestramiento del trabajador. Por otra parte, el uso de las NT no sólo ha cambiado los modos de producción e intercambio; sino que, además, el uso de las redes sociales ha transformado las relaciones socioeconómicas.

Para ilustrar lo anterior, y dada la importancia que el uso de las NT ha adquirido a nivel socioeconómico en el contexto actual, en este trabajo se lleva a cabo una revisión de las principales implicaciones de las NT en el ámbito de la educación y el desarrollo económico. Factores que se articulan como clave del crecimiento y desarrollo de cualquier sociedad. A través de un análisis de regresión se analiza hasta que punto el nivel educativo y el uso intensivo de NT puede contribuir al crecimiento. Para ello se utilizan datos de los estados miembros de la Eurozona, tomados de Eurostat. Los resultados revelan que el empleo en sectores intensivos en alta tecnología, y que requieren una cualificación alta, han contribuido significativamente al crecimiento económico en la última década.

Palabras claves

Competencia digital, educación, comercio electrónico, crecimiento, desarrollo.

Introducción

En la literatura sobre crecimiento económico, el enfoque del crecimiento endógeno (Arrow 1962, Helpman, 2004) considera que el crecimiento económico se ve favorecido gracias a la difusión del conocimiento y el aumento del nivel tecnológico. Esto se consigue gracias a los gastos en capital humano; es decir, gastos en investigación y desarrollo (I+D) y en educación y formación. Como enfoque complementario al del crecimiento endógeno, la hipótesis del acercamiento tecnológico (Abramovitz, 1986), sostiene que las diferencias tecnológicas son la principal causa de las diferencias de productividad entre los países. Por lo tanto, el país más atrasado en tecnología podría acercarse (*technological catch-up*) a los más avanzados imitando y aprendiendo tecnologías más avanzadas. Pero para que este acercamiento fuese posible, el país atrasado debería contar con la capacitación social adecuada. Dicha capacitación es la llamada competencia técnica, o nivel educativo de la población, así como el marco institucional, comercial, industrial y financiero que permitan la importación y asimilación de las Nuevas Tecnologías (NTs).

En la llamada Era Digital, la capacitación social, puede alcanzarse más rápidamente gracias al uso de las NTs en educación. Con las NTs se facilita la formación mediante cursos de aprendizaje on-line y técnicas de asistencia teledirigida (Díaz y Pérez, 2017b). Por lo tanto, existe una mayor facilidad de acceso a la educación y adiestramiento del trabajador. Por otra parte, el uso de las NT no sólo ha cambiado los modos de producción e intercambio; sino que, además, el uso de las redes sociales ha transformado las relaciones socioeconómicas. Ha sido una cuestión de incentivos: mayor agilidad en las transacciones: mejor intercambio de información, facilidad en la resolución de contratos, mayor trasparencia, e incluso cambios institucionales para incorporar la tecnología en los organismos.

En términos de los modelos de crecimiento económico, las externalidades asociadas a los gastos en I+D y a la acumulación de capital humano serían mucho mayores y el capital (en sentido amplio: físico, tecnológico y humano) podría presentar rendimientos constantes a escala. Las implicaciones son múltiples: se redefine el efecto frontera y el de proximidad geográfica que afectan al Comercio Internacional; existe una mayor facilidad de acceso a la educación y adiestramiento del trabajador; lo cual afecta directamente a la complementariedad de capital y trabajo, afectando directamente a la Economía Laboral (Díaz y Pérez, 2017a) y a la Economía de la Educación, ya que el futuro de la educación necesita orientarse a la adquisición de las competencias digitales (Redecker et. al. 2011).

El crecimiento potencial de una economía depende fundamentalmente del desarrollo tecnológico, tanto a nivel agregado como incorporado en cada uno de los factores productivos. Desde esta perspectiva, el capital humano juega un papel determinante a la hora de explicar tanto el progreso tecnológico como su impacto sobre la productividad del trabajo.

Los avances tecnológicos recientes han modificado tanto las actividades productivas y la generación de valor añadido como la distribución de la renta entre los factores. Este importante aumento de la productividad ha sucedido en un contexto donde la inversión en Tecnologías de la Información y el Conocimiento (TIC) ha sido muy elevada. Jorgenson y Stiroh (2000) y Jorgenson (2001) relacionan este aumento en la productividad en Estados Unidos con le inversión en TIC y con el aumento en la productividad total de los factores (PTF). Por su parte Colecchia y Schereyer (2002), Daveri (2002) y Albers y Vijselaar (2002) entre otros, muestran que los efectos de las TIC sobre la productividad son mucho menores en aquellos países en los cuales el nivel de inversión en TIC también es más reducido.

Los rápidos avances en las TIC están dando forma a una nueva revolución, del conocimiento y la tecnología, que se ha denominado "la cuarta revolución". En este contexto, el capital humano es decisivo dentro de la fuerza de trabajo y las capacidades digitales impulsan tanto la competitividad de las organizaciones como la capacidad de innovación. (Van Laar et. al. 2017). En este contexto, se presentan nuevos retos que debe afrontar el sistema educativo para la formación de la generación de los llamados "millennials" y posteriores generaciones, que han nacido inmersas en las NT (Naciones Unidas, 2015). Davies, Fidler y Gorbis (2011) ya señalaron que el éxito en el mercado de trabajo está vinculado a la nueva alfabetización mediática y la cooperación en entornos virtuales, ya que son dos de las habilidades cruciales que se necesitarán en la futura fuerza de trabajo.

Siguiendo a Ferrari (2012) podemos definir la competencia digital como la convergencia de múltiples áreas, relacionadas con la capacidad de entender los medios de comunicación, buscar información desde un punto de vista crítico y ser capaz de comunicarse mediante diversas herramientas y aplicaciones digitales (móviles, internet). Por lo tanto, para lograr estas habilidades es necesario manejar diferentes disciplinas y obtener algunas competencias relacionadas con la alfabetización digital. Sin embargo, no resulta fácil afrontar esta renovación desde la perspectiva del currículo tradicional. (Van Laar et al., 2017). Los sistemas educativos en general, y las universidades en particular, deben incorporar las innovaciones de la sociedad del conocimiento en sus aulas para afrontar una formación exitosa en contextos tecnológicos cambiantes (Milosevic et al., 2015). Proporcionando una formación sólida y operativa a sus estudiantes, favoreciendo el desarrollo profesional, así como revertir los resultados a la sociedad.

Por otra parte, la mayor autosuficiencia económica de los territorios, apoyada por las TIC, puede beneficiar tanto la sostenibilidad ambiental como las oportunidades de trabajo (Robertson, 1995). El bienestar de las sociedades, el empleo y la sostenibilidad son objetivos amplios e interrelacionados (Pociovalisteanu et al., 2015); lo que lo convierte es un objetivo clave para los responsables políticos (Alam y Kang, 2017; Leung y Zhang, 2017; Novo-Corti y Barreiro-Gen, 2015). Los entornos de Educación Superior Sostenible son más amplios que un contenido educativo de alta calidad (es decir, generando ambientes inclusivos) (Novo Corti et al. 2015) y su alcance va más allá del tiempo en la universidad porque influye en el desempeño de las personas y bienestar a lo largo de sus vidas.

El Centro Europeo para el Desarrollo de la Formación Profesional (CEDEFOP) estimó que en la Unión Europea casi la mitad de las nuevas oportunidades de empleo requerirán trabajadores altamente calificados (Citi, 2016). De acuerdo con la Agenda de Habilidades y Capital Humano para el siglo XXI de la Comisión Europea (Comisión Europea, 2015), es necesario implementar políticas que potencien habilidades y niveles de capital humano adecuados para revertir en logros sociales. En otras palabras, se debe optimizar el aprovechamiento del capital humano para priorizar las políticas sociales. En esa línea, en Picatoste et al. (2017a), se evalúa la influencia de las TIC en la empleabilidad de los jóvenes en el marco de la Unión Europea. Los autores del estudio concluyen que la capacitación en TIC es altamente significativa para explicar la empleabilidad de los jóvenes en la zona euro. Además, se ha demostrado (Chuang, 2017; Hsiao et al. 2017; Milosevic et al., 2015; Novo-Corti et al. 2013) que existe una amplia gama de posibilidades para la obtención de resultados positivos introduciendo los entornos informales de las TIC en la educación formal, más como un instrumento que como contenido específico de los currículos.

Si se tienen en cuenta la innovadora estructura de la empleabilidad, es probable que una mayor prevalencia de las TICs favorezca una amplia gama de factores individuales que impacte positivamente en la empleabilidad (Green, 2017). Tal como indica Reig Martínez et al. (2017) se requiere es un adecuado ajuste entre el capital humano de los trabajadores y el necesario para desarrollar las ocupaciones en las que esos trabajadores son empleados por parte de las empresas. Así, en Picatoste et al. (2017b), se señala que, para promover unos patrones educativos orientados a un desarrollo sostenible, las instituciones y empresas deberían promover cursos de capacitación en TICs para sus empleados, así como proporcionar canales de autoformación informal. Manejar los recursos para adaptar la educación a estos cambios es una tarea importante para los formuladores de políticas; ya que es necesario y anticipar estos cambios en los mercados de trabajo para poder acompasar las políticas de educación y de formación de para ayudar a reducir la creciente brecha de habilidades/capacidades (Foro Económico Mundial, 2016).

Los cambios socioeconómicos más recientes vinculados a las NT, tendrán un profundo impacto en el panorama del empleo en los próximos años (Foro Económico Mundial, 2016). En el caso de España al igual que en el resto de países, la innovación, la productividad y el crecimiento están estrechamente relacionados (Mas y Quesada, 2006). Pero son algunas habilidades y capacidades específicas, esencialmente en la esfera de la sociedad digital y del conocimiento, las que refuerzan el mantenimiento del empleo (Peng et al. 2017). En este contexto, a educación juega un papel importante, puesto que un mayor nivel de educación en toda la sociedad tiende a aumentar la tasa de crecimiento agregado (Goldin y Katz, 2009).

La innovación y la tecnología se muestran como factores clave para generar, por un lado, una mayor competitividad y diversificación económica; y, por otro lado, para promover una formación educativa y profesional impulsora de desarrollo y regeneración socioeconómica.

Objetivos Generales

Genéricamente, intentamos analizar la aportación de las TIC al crecimiento económico y al desarrollo, al tiempo que la influencia que tiene la educación en Ciencia y Tecnología ante los cambios ya comentados.

La implantación de la nueva economía implica que el componente tecnológico de los nuevos equipos demanda una mayor proporción de trabajo bien cualificado. Las TIC ahorran tiempo gracias a que pueden encargarse de la realización de labores mecánicas a un coste cada vez menor. De esta forma, la penetración de la nueva economía genera mayores oportunidades de empleo para los trabajadores bien cualificados mientras que destruye empleo del poco cualificado. Lo que significa que se están generando nuevas funciones de producción introduciendo que incorporan como factores explicativos los equipos de capital TIC. De modo tal que se observa como aquellos sectores de escasa implantación de las TIC serán los que realicen los mayores ajustes en trabajo de baja cualificación en favor de trabajo bien preparado. En suma, el secreto del éxito de la implantación de la nueva economía residirá en la educación de la fuerza de trabajo y, de igual manera, en la amortización que se haga de la fuerza de trabajo poco cualificada

Como adelantábamos en el resumen, en este trabajo trataríamos de analizar la influencia sobre el crecimiento de la formación en TIC, a nivel de enseñanza secundaria y universitaria, como aproximación al nivel de competencias digitales adquirido; la formación específica de los trabajadores en Ciencia y Tecnología, así como la ubicación de estos en sectores intensivos en tecnología; y, finalmente, los efectos de la financiación pública.

La denominada cuarta revolución industrial ha transformado la sociedad y ha originado un nuevo escenario en la organización económica y del proceso productivo, así como en el entorno del mercado de trabajo. Los jóvenes, particularmente los conocidos como "millennials" deben afrontar nuevos retos y estar dotados de competencias y habilidades que les permitan afrontar este nuevo escenario.

El objetivo general del trabajo es, por tanto, evaluar en términos cuantitativos la contribución al crecimiento de la dotación de capital humano, en términos del nivel educativo y de cualificación de los trabajadores, y el progreso tecnológico, particularmente en los sectores intensivos en tecnología, sobre el crecimiento de la producción.

Método

En nuestro análisis empírico hemos utilizado datos tomados de Eurostat, para el dato agregado de la Eurozona-19 en los años 2008 a 2017 de las siguientes variables:

CRE: crecimiento económico.

Tasa de crecimiento de la producción real (Producto Interior Bruto, PIB), calculada para cada año como el porcentaje de variación respecto del periodo anterior.

EDU_3: Nivel educativo universitario.

Población de entre 15 y 64 años que tiene estudios universitarios, en porcentaje de la población total.

EDU_2: Nivel educativo enseñanza secundaria.

Población de entre 15 y 64 años que tiene estudios secundarios, en porcentaje de la población total.

STmov: Movilidad laboral de graduados en Ciencia y Tecnología.

Porcentaje de graduados en Ciencia y Tecnología, que cambian de empleo entre sectores intensivos en alta tecnología y que requieren alta cualificación.

STemp: Empleados en sectores intensivos en alta tecnología.

Graduados en Ciencia y Tecnología empleados en sectores intensivos en alta tecnología (total de sectores), en porcentaje del empleo total.

STs: Empleados en sector servicios intensivo en alta tecnología.

Graduados en Ciencia y Tecnología empleados en sectores intensivos en alta tecnología (servicios), en porcentaje del empleo total.

STm: Empleados en sector manufacturero intensivo en alta tecnología.

Graduados en Ciencia y Tecnología empleados en sectores intensivos en alta tecnología (manufacturas), en porcentaje del empleo total.

Gtot: Gasto público total en I+D.

En porcentaje del PIB.

Ge3: Gasto público en enseñanza universitaria.

En porcentaje del PIB.

Como nuestro interés reside en explorar hasta qué punto el nivel educativo de la población, la formación de los trabajadores en NT y el uso intensivo de las TIC contribuye al crecimiento económico y desarrollo de la sociedad, realizaremos un sencillo ejercicio de regresión aplicando el método de Mínimos Cuadrados Ordinarios. En esta primera aproximación de nuestro estudio podremos ver de que forma las variables comentadas anteriormente, han contribuido al crecimiento económico de la Eurozona durante el periodo muestral 2008-2017.

Resultados

En la tabla 1 presentamos cuatro estimaciones del crecimiento, *CRE*, como variable dependiente. Las variables exógenas son los niveles educativos universitario y secundario de la población, EDU_3 y EDU_2 respectivamente; la movilidad laboral de graduados en Ciencia y Tecnología, STmov; los empleados en sectores intensivos en alta tecnología, STemp; los empleados en sector servicios intensivo en alta tecnología, STs; los empleados en sector manufacturero intensivo en alta tecnología, STm; el gasto público total en I+D, Gtot, y el gasto público en enseñanza universitaria, Ge3.

Tabla 1: Contribución al crecimiento del PIB: 2008-2017

Estimación por Mínimos Cuadrados Ordinarios

Variable independiente: crecimiento del PIB (CRE)

	(1)	(2)	(3)	(4)
Cosnt	−169,69 (−0,37)	64,23 (0,14)	−427,05 (−3,12)	−166,36 (−0,62)
EDU_3	−1,48 (−0,38)	1,79 (0,54)	−0,93 (−0,71)	4,33 (1,63)
EDU_2	6,45 (0,45)	−1,40 (−0,14)	−0,16 (−0,03)	3,90 (0,68)
STmov	4,55 (0,43)	−2,08 (−0,40)	−5,36 (−1,29)	−2,86 (−1,02)
STemp		3,56 (0,28)		14,46 (1,28)
STs	3,29 (0,51)		12,38 (4,37)	
STm	−23,92 (−0,47)		35,46 (1,81)	
Gtot			−109,34 (−5,91)	−91,62 (−2,01)
Ge3	−186,24 (−1,24)	−126,32 (−0,74)		
R^2	0,62	0,41	0,95	0,67

Nota: estadísticos t entre paréntesis.

Fuente: elaboración propia a partir de datos de Eurostat.

En todas las regresiones, el crecimiento, CRE, tiene como variables explicativas los niveles educativos universitario y secundario, EDU_3 y EDU_2 y la movilidad laboral de graduados en Ciencia y Tecnología, STmov.

- En la columna (1) podemos ver los resultados de la regresión en la que añadimos a las tres anteriores, los empleados en sector servicios intensivo en alta tecnología, STs; los empleados en sector manufacturero intensivo en alta tecnología, STm y el gasto público en enseñanza universitaria, Ge3.

- En la columna (2) añadimos los empleados en todos los sectores intensivos en alta tecnología STemp y el gasto público en enseñanza universitaria, Ge3.

- En la (3) añadimos los empleados en sector servicios intensivo en alta tecnología, STs; los empleados en sector manufacturero intensivo en alta tecnología, STm y el gasto público total en I+D, Gtot.

- Y, finalmente, en la columna (4) añadimos los empleados en todos los sectores intensivos en alta tecnología STemp y el gasto público total en I+D, Gtot.

El nivel educativo universitario, EDU_3, sólo resulta positivo y significativo en la regresión de la columna 4, en la que también resulta positiva y significativa la contribución del empleo en sectores intensivos en alta tecnología, STemp, mientras que el gasto público total en I+D, Gtot, contribuye de forma negativa.

El nivel educativo enseñanza secundaria, EDU_2, no resulta significativo en ninguna de las cuatro especificaciones; lo que estaría revelando que los niveles educativos en los que se adquiere mayor cualificación (universitarios) son los que favorecen las externalidades de la adquisición de capital humano contribuyendo así al crecimiento económico.

Salvo en la regresión de la primera columna, la movilidad laboral de graduados en Ciencia y Tecnología, STmov, afecta de forma negativa al crecimiento; si bien apenas alcanza significatividad en la tercera especificación.

En dicha regresión, el empleo en sector servicios intensivo en alta tecnología, STs, y en sector manufacturero intensivo en alta tecnología, STm, se muestran positivos y significativos en su contribución al crecimiento. Mientras que el gasto público total en I+D, Gtot, contribuye de forma negativa y significativa.

De forma equivalente, el gasto público en enseñanza universitaria, Ge3, siempre resulta negativo, aunque no es significativo, en todas las especificaciones estimadas.

Discusión y conclusiones

En este trabajo hemos intentado explorar el modo en el cuál la adopción y uso de NT, su incorporación al proceso educativo, la formación de los trabajadores en las TIC y el uso de las mismas en sectores intensivos en tecnología pueden contribuir al crecimiento económico.

Para ello, hemos revisado brevemente la literatura sobre el tema para, finalmente, realizar un ejercicio empírico. En el ejercicio, a través de un análisis de regresión múltiple, se ha analizado la contribución al crecimiento económico de diferentes niveles educativos, de los trabajadores formados en ciencia y tecnología y del gasto público efectuado, tanto a nivel general como el destinado exclusivamente a financiar la educación de alto nivel. El análisis se ha efectuado para los países de la Eurozona en el periodo posterior a la reciente crisis financiera y económica. Los resultados revelan que el empleo en sectores intensivos en alta tecnología, y que requieren una cualificación alta, han contribuido significativamente al crecimiento económico en la última década.

Como extensiones naturales del trabajo se encuentran, por un lado, refinar la técnica de estimación empleada y ampliar la base de datos para trabajar con un panel de datos de todos los países de la Eurozona, e incluso de países de fuera de la misma. Por otra parte, también sería interesante ampliar el número de variables explicativas incluyendo, por ejemplo, datos sobre las habilidades tecnológicas de la población o del grado de utilización de las NT en los procesos productivos distinguiendo el nivel de industria y servicios.

Los resultados del presente trabajo, junto a los que puedan obtenerse en versiones ampliadas, podrían resultar de utilidad para los agentes de política económica, educativa y de empleo primordialmente.

Referencias bibliográficas

Abramovitz, M. (1986): Catching up, forging ahead, and falling behind, *Journal of Economic History*, vol. 46, 385-406.

Alam, Khorshed and Mamun, Shamsul Arifeen Khan (2017). Access to broadband internet and labour force outcomes: A case study of the western downs region, Queensland. *Telematics and Informatics, 34*(4), 73-84. doi:10.1016/j.tele.2016.12.011

Albers, R., & Vijselaar, F. (2002). *New technologies and productivity growth in the euro area* (No. 122). ECB Working Paper.

Arrow, K. J. (1962): The economic implications of learning by doing, *The Review of Economic Studies*, vol. 23 (3), 155-173.

Bentler, P. M. (1980). Multivariate analysis with latent variables: Causal modeling. *Annual review of psychology, 31*(1), 419-456.

Chuang, Y. (2017). MEMIS: A mobile-supported English-medium instruction system. *Telematics and Informatics, 34*(2), 640-656. doi:10.1016/j.tele.2016.10.007

Citi, G. (2016). *Technology at work V 2.0: The future is not what it used to be. Citi GPS: Global Perspectives & Solutions* (January). Oxford Martin School. Univesity of Oxford.

Colecchia, A. and P. Schreyer (2002): ICT investment and economic growth in the 1990's: Is the United States a unique case? A comparative study of nine OECD countries. *Review of Economic Dynamics, April 5*(2): 408-442.

Comisión Europea (2015): "The social dimension of economic and monetary union: towards convergence and resilience", ESCP Strategic Notes Issue 5/2015, European Political Strategy Centre.

Daveri, F. (2002*): Information technology and growth in Europe.* Università di Parma.

Díaz-Roldán, C. y Pérez de la Cruz, J.M. (2017a): Price differentials in the Eurozone: Do technological innovations matter *International Advances in Economic Research*, 23(4), 423-424, DOI: 10.1007/s11294-017-9651-y

Díaz-Roldán, C. y Pérez de la Cruz, J.M. (2017b): Socioeconomic implications of the Digital Age: Education, Growth and Development, presentado en la 29th Society for the Advancement of Socio-Economics (SASE) Annual Conference, Lyon.

Ferrari, A. (2012). Digital competence in practice: An analysis of frameworks. European Commission. Joint Research Centre. Institute for Prospective Technological Studies. *Sevilla: JRC IPTS.(DOI: 10.2791/82116) https://publications.europa.eu/es/publication-detail/-/publication/2547ebf4-bd21-46e8-88e9-f53c1b3b927f*

Foro Económico Mundial. World Economic Forum. (2016). *The future of jobs: Employment, skills and workforce strategy for the fourth industrial revolution.*

Goldin, C. D., y Katz, L. F. (2009). *The race between education and technology* Harvard University Press.

Helpman, E. (2004): *The Mystery of Economic Growth*, Harvard University Press, Cambridge, MA.

Hsiao, K., Shu, Y., & Huang, T. (2017). Exploring the effect of compulsive social app usage on technostress and academic performance: Perspectives from personality traits. *Telematics and Informatics, 34*(2), 679-690. doi:10.1016/j.tele.2016.11.001

Jorgenson (2001): "Information Technology and the US Economy", American *Economic Review 91* No. 1, 1-32.

Jorgenson y Stiroh (2000): Raising the Speed Limit: U.S. Economic Growth in the Information Age. *Brooking Papers on Economic Activity 1*, 125-211.

Mas, M., and Quesada (2006): *The role of ICT in the Spanish productivity slowdown.* Fundación BBVA Documentos de Trabajo 5.

Milosevic, I., Zivkovic, D., Arsic, S., Manasijevic, D., Miloševic, I., Živkovic, D.,Manasijevic, D. (2015). Facebook as virtual classroom – social networking in learning and teaching among Serbian students. *Telematics and Informatics, 32*(4), 576-585. doi:10.1016/j.tele.2015.02.003

Novo-Corti, I., y Barreiro-Gen, M. (2015). "Public policies based on social networks for the introduction of technology at home: Demographic and socioeconomic profiles of households. *Computers in Human Behavior, 51,* 1216-1228.

Novo-Corti, I., González-Laxe, F., y Pociovalisteanu, D. (2015). The economic analysis of maritime catastrophes in sensitive areas: The assessment and calculation of damages in the environment and population's way of life. *Journal of Cleaner Production, 107,* 267-278.

Novo-Corti, I., Pociovalisteanu, D. M., y Iorgulescu, R. I. (2015). Social Sustainability in Higher Education. The Role of Institutions from

Students' Point Of View. *Journal for Economic Forecasting, (3)*, 166-180.

Novo-Corti, I., Varela-Candamio, L., y Ramil-Díaz, M. (2013). E-learning and face to face mixed methodology: Evaluating effectiveness of e-learning and perceived satisfaction for a microeconomic course using the Moodle platform. *Computers in Human Behavior, 29*(2), 410-415.

Peng, F., Anwar, S., & Kang, L. (2017). "New technology and old institutions: An empirical analysis of the skill-biased demand for older workers in Europe", *Economic Modelling, 64*, 1-19. doi:10.1016/j.econmod.2017.03.004

Picatoste, J., Pérez-Ortiz, L., Ruesga-Benito, S.M. y Novo-Cortí, I. (2017a). "Smart cities for well being youth employment and their skills on computers", Journal of Science and Technology Policy Management, de próxima aparición.

Picatoste, J., Pérez-Ortiz, L. y Ruesga-Benito, S.M. (2017b). "A new educational pattern in response to new technologies and sustainable development. Enlightening ICT skills for youth employability in the European Union", Telematics and Informatics, de próxima aparición. https://doi.org/10.1016/j.tele.2017.09.014

Pociovalisteanu, D., Novo Corti, I., Aceleanu, M., Serban, A., Grecu, E., Pociovălişteanu, D., & Şerban, A. (2015). Employment policies for a green economy at the European Union level. *Sustainability, 7*(7), 9231-9250. doi:10.3390/su7079231

Redecker, C.,Leis, M., Leendertse, M., Punie, Y., Gijsbers, G., Kirschner,P., Slavi Stoyanov, S., y Hoogveld, B. (2011): "The Future of Learning: Preparing for Change", European Commission, Joint Research Centre – Institute for Prospective Technological Studies, Sevilla

Reig Martinez, E., Prez Garca, F., Quesada Ibez, J., Serrano Martinez, L., Albert Prez, C., Benages Candau, E. y Salamanca Gonzales, J. (2017). *La competitividad de las regiones espaolas ante la economa del conocimiento*. Bilbao. España: Fundación BBVA.

Robertson, J. (1995). Electronics, environment and employment: Harnessing private gain to the common good. *Futures, 27*(5), 487-504.

Van Laar, E., van Deursen, A. J. A. M., van Dijk, J. A. G. M., & de Haan, J. (2017). "The relation between 21st-century skills and digital skills: A systematic literature review", *Computers in Human Behavior, 72*, 577-588. doi:10.1016/j.chb.2017.03.010

EL *STORYTELLING* COMO HERRAMIENTA PARA LA CONSTRUCCIÓN DEL RELATO TRANSMEDIA EN LA ENSEÑANZA DE LA HISTORIA ECONÓMICA Y EL MARKETING

Dr. Gorka Zamarreño Aramendia
Dr. Elena de los Reyes Cruz Ruiz
Dr. Elena Ruiz Romero de la Cruz
Universidad de Málaga, España

Resumen

El arte de contar historias o *storytelling* es una técnica que puede ser rastreada hasta los albores de la civilizaciñon, cuando chamanes y hombres sabios transmitían su saber mediante la palabra y las imágenes en paredes de cuevas y viviendas.

El *storytelling* parte del axioma de que un mensaje resulta mucho más efectivo, si es capaz de provocar emociones en el receptor. Es decir, la información pasa a un segundo plano centrándose el hecho comunicativo en cómo se recibe la información. De este modo, se retomarían en parte, las propuestas de la escuela de historia narrativa actualizándolas.

Utilizando el relato transmedia como soporte, el *storytelling* es una excelente herramienta multidisciplinar dentro de la educación universitaria. En el caso de la Historia Económica, la eficacia de herramienta comunicativa resulta de capital importancia para transmitir conocimientos y valores despertando el interés y motivación de los alumnos. Sin embargo, esta aportación no quiere quedarse en una mera aproximación que prime únicamente la transmisión de contenidos a través de historias, pretendemos mostrar cómo el *storytelling* puede y debe hacer uso de las tecnologías digitales para animar a los estudiantes a construir sus propias historias interactivas. De este modo, la implicación del alumno es mayor ya que entran en acción la creatividad, la comunicación y la colaboración. La historia económica y el marketing son unos de los grandes beneficiarios de esta técnica, que aúna narrativa e interacción aprovechando las últimas propuestas digitales y la ingente cantidad de datos disponibles en la red.

Palabras clave

historia económica, marketing, comunicación enseñanza, narración, transmedia, storytelling, TIC.

Códigos JEL: A22, B2, M3.

1.- Introducción

Las historias son fundamentales en todas las culturas humanas, siendo "el principal medio por el cual se estructuran, se comparten y entienden las experiencias comunes" (Jenkins 2009: p. 170). Los humanos tienen una tendencia natural a organizar la información (Padgett y Allen, 1997); utilizándola como un medio de autoexpresión y como una forma de dar sentido a la vida (Tomkins, 2009). Incluso de manera informal en las conversaciones diarias, el uso de la narración es habitual para comunicar ideas y expresar experiencias. Los niños cuentan historias a sus amigos imaginarios; los adultos cuentan historias de su infancia a sus hijos; relatos que se comparten entre compañeros de trabajo.

Las historias pueden utilizarse para entretener, educar, aclarar, o simplemente para provocar emociones (Fitzgibbon y Wilhelm, 1998). Las historias ofrecen mundos y experiencias donde los participantes tienen la opción de participar como cocreadores, contando, escuchando e incluso, enriqueciendo el relato (Sánchez, 2013). El mismo Sánchez (2013), señala que el diseño de un proyecto transmedia requiere la construcción de un mundo, un lugar donde se desarrolla la historia. El equipo de creadores debe tener en cuenta cómo será el mundo donde sus historias tengan lugar, cuáles serán las historias y las plataformas principales y cómo estas encajarán con el fin de promover y mejorar la participación / experiencia de espectadores / usuarios / jugadores. Jenkins (2009) demostró que simplemente recurrir al storytelling a través de diferentes plataformas de medios, no garantiza que sea un relato transmedia. Los elementos esenciales de la ficción deben presentarse sistemáticamente a través de múltiples canales, para crear una experiencia de entretenimiento o aprendizaje unificada y coordinada.

2.- Revisión del arte

El relato digital puede tener distintos usos, en primer lugar, algunas organizaciones o individuos consideran la narración digital como algo similar a un tipo de periodismo contado en primera persona, una técnica para exponer historias de la vida real acompañados por material visual de diferente índole.

Para Scolari (2009), es posible identificar al menos cuatro estrategias para expandir el efecto del storytelling:

1. la creación de microrelatos intercalados que enriquecen el mundo ficticio, expandiendo el período del relato; ejemplos de esto la estrategia incluye cómics, videos en línea, videojuegos.

2. la creación de narraciones paralelas, cuya lógica es crear otra historia que se desarrolla al mismo tiempo que la historia principal.

3. la creación de historias periféricas que puedan ser consideradas "satélites", más o menos distantes de la historia principal.

4. la creación de plataformas de contenido generadas por los usuarios, como los blogs, que deberían considerarse como mecanismos para crear el código abierto de la historia, que permite a los usuarios enriquecer el relato.

Crear y/o contar una buena historia es un arte. Independientemente de los elementos del relato, el conflicto que presenta, su entorno, tema, personajes o medios a través de los cuales tiene lugar la comunicación y cómo la audiencia se sitúa, una historia debe guiar e involucrar a la audiencia. El storytelling debe conocer los elementos culturales de los receptores de manera que excite la imaginación de la audiencia y fomente su participación durante ejecución del relato. Todos estos aspectos son esenciales para promover el aprendizaje efectivo.

Marsha Kinder acuñó el término "transmedia" en su libro "Playing with Power in Movies, Television and Video Games " (Kinder, 1991). Años más tarde, Henry Jenkins, entonces profesor en el MIT (Massachusetts Institute of Technology) y ahora en la Universidad del Sur de California, publicó un artículo llamado "transmedia" narración de cuentos ", que amplió los conceptos que forman parte de este tipo de comunicación, siendo hoy uno de los referentes líderes en investigación de medios en el mundo.

La narrativa transmedia se desarrolla en múltiples plataformas de medios, y cada nuevo texto contribuye de manera diferente y de forma valiosa al conjunto. Representa un nuevo tipo de relación entre los receptores y la convergencia de plataformas de medios, que requieren no solo de su participación activa, sino también de una relación activa entre los diferentes agentes que toman parte en la comunicación. El diseño ideal de un formato de narración transmedia, cada medio hace lo que mejor sabe hacer, para que una historia se pueda convertir en una película y expandirse a través de la televisión, novelas, cómics, etc. Cada acceso a la franquicia debe ser autónomo, de manera que no es necesario disfrutar de la película para disfrutar del juego, y viceversa. El entendimiento adquirido a través de varias plataformas de medios crea una experiencia profunda que fomenta el consumo (Jenkins, 2007)

"La narración transmedia representa un proceso donde los elementos integrales de una ficción se dispersan sistemáticamente a través de múltiples canales de entrega con el fin de crear una experiencia de entretenimiento unificada y coordinada. Idealmente, cada medio hace su propia contribución al desarrollo de la historia "(Jenkíns, 2007).

Jenkins (2008) describió cómo la historia contada en la trilogía de la película Matrix fue ampliada en cómic libros, videojuegos y cortometrajes de animación. Su punto principal no era simplemente que los creadores utilizaron diferentes tipos de medios, sino que partes de la historia, completamente ausentes de las películas originales, fueron contadas a través de productos que hacían uso de diferentes medios. Los directores de la trilogía, implementaron de manera deliberada una estrategia para que buscaba expandir la historia y su mundo ficticio.

La mayoría de los estudios académicos sobre la narrativa transmedia se han centrado hasta el momento en los productos de entretenimiento y los mundos narrativos ficticios, que incluyen Harry Potter, Star Wars y complejas series de televisión como Lost. Sin embargo, los mismos criterios con los que se evalúan los proyectos ficción transmedia también pueden ser utilizados para evaluar proyectos transmedia de no ficción (Kerrigan y Velikovsky, 2016). Algunos de los estudios publicados hasta el momento se han centrado en el periodismo transmedia, en particular, un examen de varios documentales interactivos (Aufderheide, 2015) así como su utilización en la radio (Edmond, 2015).

Citando a Scolari (2013, p.49) "Debemos recordar que la narración transmedia no es solo ficción. La publicidad ha ofrecido una experiencia transmedia desde la explosión de los medios de comunicación en la primera mitad del siglo XX, y lo mismo puede decirse sobre el periodismo en la segunda mitad. La narración transmedia de no ficción sigue siendo un territorio ignoto que espera sus exploradores".

La narrativa transmedia migró desde el área de la comunicación al campo de la educación, siendo adoptada como un nuevo método de enseñanza, cuyo concepto se ha mantenido prácticamente inalterado. Para Gosciola y Versuti (2012), la narración transmedia es básicamente una gran historia. Lo que lo hace diferente de las grandes historias es que se divide en partes diferentes. La más importante de ellas, es la historia principal, que no narra el contenido completo de la historia, de manera que las historias adicionales la complementan. Otra característica que convierten en único a este tipo de narrativa, es que cada una de estas historias, se transmiten utilizando un medio diferente de comunicación.

Para Rodrigues y Bidarra (2014), la narración de cuentos se considera una actividad humana innata, un elemento central de la comunicación humana y la creación de significado, que mejora el desarrollo cognitivo de los individuos y comporta un claro sentido de identidad cultural. Gambarato (2013) puntualiza que la narración transmedia hace referencia a una historia generalizada, que tiene como objeto atraer la atención del público: no intenta ofrecer el mismo contenido en diferentes plataformas de medios, sino que intenta ofrecer una experiencia diferente de cómo se construyen determinadas realidades, desplegando el contenido y generando posibilidades para que la historia evolucione con contenido nuevo y relevante.

Kalogeras (2013a, 2013b) utiliza este concepto de narración y entretenimiento educativo transmedia (TmSE), que define como el uso de historias de entretenimiento populares con el objeto de crear componentes educativos en una determinada disciplina. Considera que cualquier cosa que ayude al público mediante diferentes estrategias de aprendizaje solo puede ser beneficiosa. Su utilización permite a los estudiantes estar más involucrados en sus tareas; los estudiantes prefieren una buena historia en lugar de un libro, ya que es más atractiva y mantiene más fácilmente y de manera más efectiva su atención.

Raybourn (2014), afirma que la narración transmedia se define como un sistema de mensajes escalables que representan el relato o el núcleo de una experiencia que se desarrolla a través del uso de diferentes plataformas de medios, involucrando a los estudiantes emocionalmente en su aprendizaje e involucrarlos personalmente en la historia. Según Raybourn (2014), en el aprendizaje transmedia los mensajes comunicados interactúan con cada uno los medios. De este modo, se busca reforzar las mejoras en el rendimiento, la reflexión y los cambios de comportamiento.

En esta cultura emergente, las redes sociales se pueden usar para fomentar comentarios y para formar una historia transmedia a medida que esta evoluciona. Es una oportunidad de explorar la narración de una manera más amplia y permitir que la enseñanza se desarrolle de diferentes maneras para enriquecer la experiencia central.

Según Sánches (2013), la narración transmedia revolucionó el concepto tradicional de receptor (y consumidor) de contenido audiovisual (y, por extensión, cultural). Esta transformación en el contenido clásico del destinatario se sostiene en cuatro cambios fundamentales:

1. Mientras que el producto cultural convencional está dirigido a una audiencia prioritaria, el producto transmedia define diferentes tipos de públicos con los que está conectado a través de diferentes plataformas y contenidos, utilizando una red de usuarios que se reúnen para intercambiar experiencias y ampliar el contenido de la narrativa principal (Jenkins, 2007).

2. El producto transmedia promueve la interactividad, requiere una mayor participación de la audiencia de lo que ocurre en una narración convencional.

3. Solicita que la audiencia participe en el proceso como co-creadora.

4. Se basa en nuevos modelos comerciales, como el crowdfunding, donde se explota el sentimiento de trabajo comunitario.

Jenkins (2007) agrega que, entre las características de la narración transmedia, está la expansión a múltiples plataformas, conectando diferentes elementos de manera que proporciona al usuario una sensación de continuidad en la historia. La construcción de un mundo cambiante donde la noción de espacio y tiempo se modifica explorando la narrativa con nuevos elementos y personajes que adquieren vida propia; la subjetividad conectada a las historias secundarias que destacan nuevas experiencias narrativas y les dan a los personajes nuevas perspectivas; los dispositivos tecnológicos; y la interconexión de partes con la historia como un todo.

Para Gosciola (2011), el proceso transmedia comienza con una narración interna, con personajes definidos, siguiendo múltiples líneas argumentales (desplegando la vida de cada personaje) y dividiendo las tramas en diferentes plataformas de medios.

Finalmente, las líneas argumentales y las plataformas de medios se unen en un intento de unificar el trabajo y establecer consistencia. Munaro y Vieira (2016), señalan que el uso de historias combinadas con recursos de medios puede ser una solución para integrar a los maestros y estudiantes en el proceso de enseñanza-aprendizaje, permitiendo que la información se desarrolle y se comparta más fácilmente. Blumenthal y Xu (2012) discuten el uso de conectores que, pueden ayudar a compartir potencialmente la experiencia de los participantes de los siguientes modos: Mitología en el contexto de la narración (definición de los símbolos, los conflictos culturales, los marcos, el reglas naturales y sobrenaturales que el autor presenta); el canon (que representa los elementos de medios oficiales de un universo ficticio); el personaje (conector importante en todos los tipos de medios y puede ser un actor, abstracto personaje o arquetipo); y género (define y clasifica elementos similares en todas las historias, actuando como el esqueleto de la historia).

A través de la interacción y la participación, el público consume y transforma el contenido de los medios, promoviendo estrategias que permiten la construcción colaborativa de conocimiento en la sociedad en red. Al estimular la migración de audiencias en diferentes plataformas, la narración transmedia ofrece experiencias de ese mundo que son únicas y exclusivas para cada tipo de medio, siempre que dicho mundo esté estructurado de forma de manera cohesiva y coherente (Massarolo y Mesquita, 2013).

3.- Storytelling en el transmedia para educación

Los avances en la tecnología de la información y la comunicación y los cambios aparejados han agregado un nuevo desafío en el campo de la educación; las generaciones nacidas en este tiempo de transformación, se enfrentan a modelos de aprendizaje cada vez más ineficaces que necesitan ser revisados, cambiados o reemplazados.

Debido a las características particulares de estas nuevas generaciones que, para Tapscott (2010), están caracterizadas principalmente por el deseo de libertad en todo lo que hacen (desde la libertad de elección a la libertad de expresión), es una generación que a menudo personaliza todo a su gusto y para la cual, investigar y buscar información es algo natural para ellos. Se trata de la generación de colaboración y relación; el entretenimiento y el espectáculo son las claves, ya que han crecido (y están creciendo) rodeados de experiencias interactivas; de manera que solicitan respuestas instantáneas, así como productos innovadores y modernos.

Para Rodrigues y Bidarra (2014), el agotamiento de los modelos educativos tradicionales ha impulsado a los educadores a explorar diferentes métodos de aprendizaje para satisfacer las necesidades de este "nuevo estudiante", incorporando nuevos tipos de insumos, prácticas de producción y consumo de medios.

Si el aprendizaje se entiende como un proceso, donde el estudiante tiene que ganar lentamente autonomía en la dirección y el control de su evolución, el uso de los recursos debería ser coincidente con sus elecciones personales. Por lo tanto, la evolución de la tecnología como recurso para apoyar el aprendizaje conduce a situaciones donde el contenido y las herramientas son cada vez más indistinguibles; es decir, el futuro de la enseñanza pasa por que los materiales serán inseparables de su soporte tecnológico (García y López-Pérez, 2012).

La propuesta que aquí llevamos a cabo para aprender a través del storytelling en la Historia Económica es una pasa por reforzar la imaginación de los estudiantes y su capacidad empática (Wood, 2014). Los estudios llevados a cabo en escenarios cotidianos han demostrado que la narración de historias es un método primario para resolver problemas (Jonassen y Hernandez-Serrano, 2002).

De acuerdo con Lima (2014), la narración transmedia es una manera de presentar temas de una manera que atrae a los estudiantes, al mismo tiempo que incluye contenido académico, desafiando la noción de que la educación y el entretenimiento son extremos opuestos de un espectro. Así, la narración transmedia, cuando el docente la utiliza como herramienta educativa, puede alinearse con el programa educativo y los objetivos docentes.

Kress (2003) señala que la alfabetización moderna requiere la capacidad de expresar ideas en una amplia gama de sistemas de representación y significado, ya que cada medio tiene sus propias características inherentes, sus propios sistemas de representación y estrategias para producir y organizar el conocimiento. Usando diferentes plataformas de medios de comunicación, los participantes exploran los diferentes y a veces contradictorios métodos de representación y eligen la mejor manera de expresar sus ideas, ya que las audiencias muestran un comportamiento migratorio, cuando deciden el tipo de secuencia narrativa y plataforma para su difusión (Gosciola, 2011).

Jonassen y Hernández-Serrano (2002) sugieren tres formas de apoyar el uso de historias en el aprendizaje: en primer lugar, se pueden usar como ejemplos de conceptos o principios que se enseñan con instrucción directa; en segundo, pueden ser utilizados como problemas de estudio de caso para ser resueltos por los estudiantes; y en tercero, las historias se pueden usar para aconsejar a los estudiantes y ayudarles a resolver problemas. Según Rodrigues y Bidarra (2014), los proyectos transmedia muestran que la creación de mundos a través de historias, se pueden utilizar para cumplir objetivos educativos; reforzando y respaldando el contenido y una manera fructífera para los estudiantes. La creación de un entorno de aprendizaje transmedia requiere una redefinición urgente los contenidos curriculares, acercando los procesos de aprendizaje a los contextos reales en los que los estudiantes socializan.

Sharda (2010) refuerza el argumento de que el potencial de trabajar con la narrativa transmedia reside en la posibilidad de conectar el contenido educativo con actividades que ya están presentes en la vida cotidiana de los estudiantes. De este modo, es posible inferir que el uso de estos recursos abiertos puede ayudar a los educadores a desarrollar estrategias que satisfagan mejor las necesidades de los estudiantes, precisamente porque se adaptan a su contexto, también teniendo en cuenta las diferentes etapas de aprendizaje de los estudiantes, características únicas e intereses.

Una propuesta diferente, que surge de la narración transmedia es la idea de recurrir al storytelling digital. Para Flottemesch (2013), la narración digital es un enfoque multimodal que da vida al antiguo arte de contar historias utilizando la tecnología. Meadows (2003) cree que contar historias digitales es la práctica social del storytelling usando cámaras digitales de bajo costo, herramientas de diseño no lineales y ordenadores para construir historias cortas multimedia, esencialmente producidas para para su publicación en Internet.

Las tecnologías de la información y la comunicación se han convertido en uno de los recursos didácticos más utilizados en el aula, porque hacen posible convertir el aula en entornos donde los profesores tienen diferentes recursos para que los estudiantes realicen las tareas que les deben ayudar en el proceso de aprendizaje siempre en sintonía con las necesidades específicas que surgen del proceso (García & López-Pérez, 2012). Como tal, el método de narración transmedia está ganando terreno. Los humanos parecen tener una capacidad innata y una voluntad de organizar y representar sus experiencias en forma de relatos (Jonassen & Hernández-Serrano, 2002).

Para Fitzgibbon y Wilhelm (1998), los relatos son un excelente vehículo de comunicación literario y cultural, mientras que también ayudan a los estudiantes a desarrollar mejor el sentido de la estructura retórica. La narrativa transmedia es de gran interés para los estudiantes, ya que reduce los filtros afectivos y permite que tenga lugar una forma más natural de una comunicación interactiva. Si se enseñan nuevas ideas y conceptos en un contexto narrativo, es más probable que la comprensión aumente debido a la capacidad del relato para expandir la capacidad de comprensión y figuración.

Según Kalogeras (2013a, 2013b), la narración transmedia que es entretenida y educativa es un método de enseñanza creativa donde convergen investigación y acción creativa, de manera que se generan recuerdos, faculta a los estudiantes en sus competencias y agrega valor a la comunidad. Este aprendizaje transformativo ayuda al estudiante a descubrir el significado del texto, así como recrear, reflejar, refractar, remodelar y retener información.

Menkhoff y Bengtsson (2012) argumentan que la información y las tecnologías de comunicación (TIC) utilizadas por la actual generación de universitarios en su vida diaria, podrían significativamente enriquecer la experiencia de dichos estudiantes y producir resultados de aprendizaje valiosos basados en el aprendizaje combinado.

El uso de dispositivos de aprendizaje móvil añade emoción en el aula y ayuda a educar a los estudiantes, dispositivos de comunicación diaria con los que los estudiantes están familiarizados (Menkhoff y Bengtsson, 2012). Sin embargo, también se debe prestar atención a la calidad del relato. En un estudio llevado a cabo por Sangalang et ali. (2013), la calidad fue el elemento más importante en la narrativa, porque, la facilidad en la construcción de los eventos, contribuyen a la fluidez y la comprensión el relato. Por lo tanto, la audiencia puede sintetizar elementos de la historia entre las diferentes plataformas de medios.

Además, para Raybourn (2014), la capacidad de rastrear la interacción, los comentarios y el contenido generado por el usuario a través de las redes sociales mineras las actividades y los datos son esenciales para diseñar campañas transmedia y medir el nivel de aprendizaje.

La enseñanza de la Historia contribuye a la construcción de identidad y, por esta razón, en el ámbito escolar debe ser un recurso potente de motivación y fomento del pensamiento abstracto y la creatividad, trascendiendo el rol tradicional y habitualmente pasivo que ha desempeñado el alumno. En el caso específico de la Historia Económica las tradicionales competencias de la Historia deben añadir el conocimiento de una terminología económica básica, así como competencias estadísticas que ayuden a la comprensión de los procesos económicos que tienen lugar a lo largo del periodo histórico seleccionado.

Muchos de los trabajos de investigación sobre narración transmedia incluyen estudios de casos; estudios exploratorios y experiencias de enseñanza e intentos de incorporar elementos de narración transmedia. Existen muy pocos casos sistematizados sobre la aplicación de las TIC y el storytelling en la Historia y menos aún a las especificaciones de la Historia Económica.

En el ámbito del marketing, el storytelling y el uso de las narrativas transmedia es habitual en el caso de la aplicación de la disciplina. Sin embargo, en el espacio educativo, la utilización la narrativa en el relato transmedia resulta una novedad, algo que puede carecer de completo sentido, en una disciplina que ha encontrado en las experiencias su manera de ser en este nuevo milenio.

4.- Conclusiones

A pesar de que la técnica de contar historias es antigua, especialmente la narración oral, el uso de la narración transmedia es algo muy novedoso. Existe, la necesidad de más estudios y experiencias relacionadas con el proceso de enseñanza y aprendizaje que involucra transmedia en especial en la Historia Económica. La constante renovación de las tecnologías de información y comunicación que tienen un enorme impacto en la cultura, el comportamiento humano y, por lo tanto, las formas de enseñar en la universidad hacen necesario la construcción de un relato coherente, que utilice todas medios disponibles para generar un proyecto docente para la Historia Económica y el Marketing.

Se observa cierta disonancia en la aplicación del aprendizaje de la narración transmedia, o el uso de narrativas que utilicen de manera efectiva herramientas de las tecnologías de la información. Del mismo modo, no hay estudios comparativos de esta metodología entre diferentes asignaturas y menos en el caso de la Historia Económica y el marketing. ¿El uso del storytelling en el aula tiene el mismo efecto entre los alumnos de Historia Económica y los de Marketing?

Los estudios que involucran a estudiantes universitarios se centran en el uso de los medios digitales, para comprender la propuesta de contenido sin tener en cuenta una narración utilice diferentes formatos de medios; es decir, se enfocan en el uso de los dispositivos de comunicación y las herramientas en vez de desarrollar relatos activamente.

Tanto la enseñanza transmedia de la Historia Económica como el Marketing requieren de la integración dispositivos de aprendizaje móvil, como teléfonos móviles, compartir fotos, wikis, podcasts así como recorridos a pie con los estudiantes lo que proporciona un elenco de herramientas que apoyan la difusión y comprensión de los contenidos del relato. Las experiencias sugieren que los recursos integrados de aprendizaje en línea son clave, para facilitar el intercambio de información y conocimiento entre los estudiantes.

En ambos casos, los estudiantes tienen un papel central en la creación y construcción de conocimiento a través de diferentes tipos de herramientas materiales, actuando como productores de contenido, así como consumidores. Al planear y crear historias digitales, los estudiantes se vuelven conscientes de sus propios conocimientos y experiencias, y pueden reflexionar sobre ellos y compartirlos. De este modo la narración digital puede ser utilizada como una herramienta de enseñanza para mejorar los resultados del proceso.

El aprendizaje transmedia en Historia Económica y Marketing, aprovecha varias tendencias de los nuevos medios, incluyendo las redes sociales, la escalabilidad de los cursos en línea abiertos masivamente (MOOC), y el diseño de narrativas transmedia utilizadas que combinen el entretenimiento, la publicidad y la gamificación como medio de fijación de los conocimientos.

5.- Referencias bibliográficas

Blumenthal, H., & Xu, Y. (2012). The Ghost Club Storyscape: Designing for Transmedia Storytelling. IEEE Transactions on Consumer Electronics, 58, 190-196.

Fitzgibbon, H. B., & Wilhelm, K. H. (1998). Storytelling in ESLEFL Classrooms. TESL Reporter, 31, 21-31. https://ojs.lib.byu.edu/spc/index.php/TESL/article/view/3637/3411

Flottemesch, K. (2013). Learning through Narratives: The Impact of Digital Storytelling on Intergenerational Relationships. Academy of Educational Leadership Journal, 17, 53-60.

Gambarato, R. R. (2013). Transmedia Project Design: Theoretical and Analytical Considerations. Baltic Screen Media Review, 1, 80-100.

García, I., & López-Pérez, C. (2012). La Función de los Recursos de Aprendizaje en la Universidad. Okada (Ed.), Open Educational Resources and Social Networks: Colearning and Professional Development. London: School Educational Research & Publishing.

Gosciola, V. (2011). Narrativa Transmídia: A Presença de Sistemas de Narrativas Integradas e Complementares na Comunicação e na Educação. Quaestio, Sorocaba, SP, 13, 117-126.

Gosciola, V., & Versuti, A. (2012). Narrativa Transmídia e sua Potencialidade na Educação Aberta. In A. Okada (Ed.), Open Educational Resources and Social Networks: Colearning and Professional Development. London: School Educational Research & Publishing.

Grandio-Perez, M. M. (2016). El transmedia en la enseñanza universitaria. Análisis de las asignaturas de educación mediática en España (2012-2013). Palabra Clave, 19, 85-104.

Jenkins, H. (2008). La cultura de la convergencia de los medios de comunicación, Barcelona, Paidós.

Jenkins, H. (2007). Transmedia Storytelling. Confessions of an Aca-fan. The Oficial Weblog of Henry Jenkins.

Jonassen, D. H., y Hernandez-Serrano, J. (2002). Case-Based Reasoning and Instructional Design Using Stories to Support Problem Solving. Educational Technology Research and Development, 50, 65-77.

Kalogeras, S. (2013a). Media-Education Convergence: Applying Ttransmedia Storytelling Edutainment in E-Learning Environments. International Journal of Information and Communication Technology Education, 9, 1-11.

Kalogeras, S. (2013b). Storytelling: An Ancient Human Technology and Critical-Creative Pedagogy for Transformative Learning, International Journal of Information and Communication Technology Education, 9, 113-122.

Kerrigan, S., y Velikovsky, J. T. (2016). Examining documentary transmedia narratives through The Living History of Fort Scratchley project. Convergence: The International Journal of Research in to New Media Technologies, 22(3), 250–268.

Kinder, M. (1991). Playing with Power in Movies, Television, and Video Games: From Muppet Babies to Teenage Mutant Ninja Turtles. Berkeley, CA: University of California Press.

Kress, G. (2003). Literacy in the New Media Age. New York: Routledge.

Lima, E. F. O. (2014). Recursos Educacionais Abertos: Ensino através de Conteúdos Transmidiáticos. Anais do XVI Congresso de Ciências da Comunicação na Região Nordeste, João Pessoa, 15-17 May 2014, 1-11.

Massarolo, J. C., & Mesquita, D. (2013). Narrativa Transmídia e a Educação: Panorama e Perspectivas. Revista Ensino Superior Unicamp, 34-42.

Meadows, D. (2003). Digital Storytelling: Research-Based Practice in New Media. Visual Communication, 2, 189-193.

Menkhoff, T., y Bengtsson, M. L. (2012). Engaging Students in Higher Education through Mobile Learning: Lessons Learnt in a Chinese Entrepreneurship Course. Educational Research for Policy and Practice, 11, 225-242.

Munaro, A. C., y Vieira, A. M. D. P. (2016). Use of Transmedia Storytelling for Teaching Teenagers. Creative Education, 7(07), 1007.

Padgett, D., y Allen, D. (1997). Communicating Experiences: A Narrative Approach to Creating Service Brand Image. Journal of Advertising, 26, 49-62.

Raybourn, E. M. (2014). A New Paradigm for Serious Games: Transmedia Learning for More Effective Training and Education. Journal of Computational Science, 5, 471-481.

Rodrigues, P., y Bidarra, J. (2014). Transmedia Storytelling and the Creation of a Converging Space of Educational Practices. International Journal of Engineering and Technology (iJET), 9, 42-48.

Sánchez, C. C. (2013). Narrativas Transmedia Nativas: Ventajas, Elementos de la Planificación de un Proyecto Audiovisual Transmedia y Estudio de Caso. Historia y Comunicación Social, 18, 561-574.

Sangalang, A., Quintero Johnson, J. M., & Ciancio, K. E. (2013). Exploring Audience Involvement with an Interactive Narrative: Implications for Incorporating Transmedia Storytelling into Entertainment-Education Campaigns. Critical Arts: South-North Cultural and Media Studies, 27, 127-146.

Scolari, C. A. (2009). Transmedia Storytelling: Implicit Consumers, Narrative Worlds, and Branding in Contemporary Media Production. International Journal of Communication, 3, 586-606.

Sharda, N. (2010). Using Storytelling as the Pedagogical Model for Web-Based Learning in Communities of Practice. en Karacapilidis (Ed.), Web-Based Learning Solutions for Communities of Practice: Developing Virtual Environments for Social and Pedagogical Advancement (pp. 67-82). Hershey, PA: Information Science Reference.

Tomkins, A. (2009). "It Was a Great Day When...": An Exploratory Case Study of Reflective Learning through Storytelling. Journal of Hospitality, Leisure, Sport and Tourism Education, 8, 123-131.

CAPÍTULO V

UTILIZAÇÃO DE IMAGEM NO JORNALISMO DIGITAL: EFEITOS E RESPONSABILIDADES

Nilton Marlúcio de Arruda
Universidade Fernando Pessoa, Portugal

Resumo

Da primeira gravura num periódico (*Gazeta de Lisboa*, 1716) e do pioneirismo da publicação de fotografia em jornal impresso (*The New York Daily Graphic*, 1880 - EUA) aos dias de hoje, a presença de imagens no jornalismo modificou a forma de apresentação das notícias. A fotografia de imprensa é uma mensagem a informar de maneira complementar o que se lia apenas nos textos. No entanto, o dinamismo das leituras imposto pelos utilizadores de notícias e a revolução tecnológica provocada pela *internet* alteraram o equilíbrio entre palavras e imagens. Principalmente no jornalismo digital, evidencia-se uma proposta interativa diante de um leitor empoderado pelas redes sociais.

Nota-se uma sobredeterminação da imagem em detrimento da palavra para conquistar a atenção do público, numa estratégia visual que traz em si o risco de empobrecer o aprofundamento das matérias. Jornais tentam alcançar a invisibilidade por excesso de exposição, além de dissolver os conteúdos noticiosos (Perniola, 2004). Ainda mais grave, os periódicos publicam imagens sensacionalistas, desconsiderando-se, inclusive, os aspectos da responsabilidade editorial do veículo. O jornalismo digital colabora para a fragmentação do pensar do indivíduo?

O objetivo é refletir sobre a responsabilidade do jornalismo na legitimação e construção do imaginário coletivo, a partir da premissa de Barthes de que a fotografia exerce funções junto ao sujeito - informar, representar, surpreender, fazer significar, dar vontade -, cuja recepção depende dos sentimentos provocados pela imagem. Considera-se a "lógica comunicativa das imagens" a partir do seu "acto icónico", conforme Bredekamp (2015). A investigação mensurou a evolução histórica da utilização de imagens pelo jornalismo e suas influências junto do leitor.

Palavras chave

Imagem; Jornalismo; Digital; Noticiário; Fotografia.

Introdução

Historicamente, três periódicos disputam o reconhecimento pelo pioneirismo na publicação de imagens no noticiário: a revista semanal *The Illustrated London News* (1842 – gravura sobre grande incêndio em Hamburgo, na Alemanha); o jornal sueco *Nordisk Boktryckeri-Tidning* (1871 - fotografia a partir de método de impressão); e o jornal *The New York Daily Graphic* (1880 – fotografia impressa). Da primeira utilização de uma ilustração ou fotografia na imprensa diária à ditadura da imagem dos dias de hoje, o jornalismo vem passando por transformações a fim de se adequar às exigências do seu público. Edições mais visuais e textos menos densos têm sido estratégias adotadas pelos periódicos em geral desde meados do século XX, e com mais intensidade nas últimas décadas. Também o destaque para as cores nas páginas e o encurtamento dos parágrafos nas colunas parece uma alternativa eficaz para conquistar o leitor.

No entanto, o que poderia ser apenas uma questão de diagramação acaba por se transformar num processo que empobrece o conhecimento do leitor. Diminui-se o texto, tratam-se os conteúdos de maneira superficial e alimenta-se uma leitura dinâmica repleta de informação, mas carente de significados e contextos. Do outro lado da página, negligencia-se um ator social que imagina ter o mundo nas mãos, mas que mal consegue articular uma frase que traduza as angústias de uma sociedade sem chamada de hipermoderna.

A situação pode ficar ainda mais grave na medida em que os periódicos abusam do uso das imagens. Não apenas em quantidade, mas também no apelo sensacionalista que uma ilustração pode oferecer. Além de "valer por mil palavras", a fotografia tem o poder do choque imediato junto do leitor. Para Barthes (1990: 33), "imagem é polissêmica, cadeia flutuante de significados" que tal qual o texto, "dirige o leitor". Com mais um agravante: de forma conotativa a impor sentidos na mente fragmentada de um leitor apressado.

Diante do desafio de não perder de vista o seu público, o jornalismo deve inspirar-se em Lipovetski (2010: 253) quando aborda a questão do "ecrã global" em relação ao cinema. "Depois do modo de comunicação do um para todos, vem o do todos para todos; depois dos meios de massa, o advento da *self-media*", diz o autor sobre a necessidade de os *medias* se adaptarem às necessidades particulares de cada um.

Assim, cabe ao jornalismo apurar suas responsabilidades diante da leitura que seu público faz. Entre a minimalização do texto e a sobredeterminação da imagem, o que se pergunta é se o jornalismo está conseguindo cumprir seu papel de proporcionar um sentido mínimo das coisas na mente do leitor. Caso contrário, pode-se estar diante da banalização dos conteúdos em forma de mercadoria, sem querer se dar conta de que é preciso cuidar dessa imagem avassaladora que invadiu as páginas e telas dos periódicos.

Objetivos Gerais

O objetivo principal deste trabalho é provocar, junto a profissionais de jornalismo, uma reflexão sobre a utilização exagerada de imagens nos noticiários em detrimento à escrita, tendo como consequência imediata o não aprofundamento dos assuntos publicados pelos periódicos. A acirrada disputa pela atenção do público – leitor, espectador ou internauta -, bem como o dinamismo com que as informações são compartilhadas, caracterizam uma dura realidade vivenciada pelo jornalismo contemporâneo. Os objetivos secundários são: inventariar os jornais impressos: Público (Portugal), *The Washington Post* (EUA), *The Guardian* (Inglaterra), *The Independent* (Inglaterra) e *The New York Daily Graphic* (EUA); analisar suas primeiras páginas, e comparar ao longo do tempo o equilíbrio entre imagem e texto.

Método

Metodologicamente, a elaboração deste trabalho contou com pesquisa bibliográfica e documental, além de análise crítica sobre a atuação de periódicos quanto à utilização da imagem em suas edições ao longo dos anos. Para a revisão da bibliografia focou-se em autores que evidenciam os aspectos éticos e de valor, fundamentais para o exercício da profissão, ressaltando o verdadeiro papel do jornalismo.

Também foram estudados alguns dos teóricos da Comunicação Social – e de áreas afins – que criticam fortemente o poder persuasivo das empresas de mídia em detrimento ao compromisso do jornal com o seu público. Este panorama se complementa com a observação e leitura de experiências vividas por outros segmentos de comunicação, como o cinema, por exemplo.

A análise crítica foi aplicada em três frentes de atuação: 1- a evolução da presença da fotografia de imprensa nos periódicos; 2- o debate sobre os aspectos éticos do uso de imagens; e 3- os reflexos do modelo atual de jornalismo no desenvolvimento do leitor. Tudo isso para tentar entender e mensurar os desafios do jornalismo junto à sociedade contemporânea. Além disso, apontar proposições para reflexão dos profissionais da área.

Resultados

A pesquisa qualitativa que suporta este artigo analisou a distribuição de textos e imagens em primeiras páginas dos jornais já citados. Desta forma, os resultados da investigação documental estão apresentados ao longo do trabalho, notadamente no capítulo "A imagem na prática jornalística: evolução", na página 10.

O papel do jornalismo em texto, contexto e, agora, imagem

Todas as esferas da atividade humana – política, constitucional e eclesiástica -, bem como seus movimentos – sociais, filosóficos e literários – encontram na atividade jornalística seu principal veículo de disseminação. Como evidência do poder de influência da mídia, Melo (2012: 173) cita grandes movimentos sociais mundiais que resgataram a principal contribuição dos jornais e dos jornalistas: "a criação da opinião pública". O autor se refere à atuação da imprensa nas transformações européias como um "fenômeno decisivo para sepultar o antigo regime, tornando vitoriosas a Independência Americana (1776) e a Revolução Francesa (1789)". Na mesma linha, Berger e Marocco (2008: 31) citam Weber (1992: 247) sobre o desenvolvimento futuro da imprensa: "colocar-se como censor da sociedade e da política ao informar os temas, assuntos e problemas que não eram levados aos tribunais de justiça".

Desde as primeiras experiências o jornalismo revela uma multiplicidade de papeis, bem como determinada vulnerabilidade diante dos interesses públicos e privados da sociedade. Assim, é compreensível que a convivência entre o compromisso com a verdade e intenções particulares sofra desconfianças e divida espaços – noticiosos e opinativos – nas páginas dos periódicos em todo o mundo. Diante de acusações de que o jornalismo moderno se tornou um "empreendimento comercial", Berger e Marocco (2008: 35) expressam a preocupação da notícia como uma mercadoria e defendem o papel da imprensa em tornar "a informação sobre nossa vida comum acessível a cada indivíduo".

Preocupação que encontra respaldo em Stephens (1993: 455-456): "os jornais começaram a voltar mais sua atenção para os negócios". Do ponto de vista econômico, a influência da imprensa também tem sido motivo de estudos e pesquisas há bastante tempo. Melo (2012: 23) entende que o jornalismo precisa ser entendido como um processo sócio-politico-econômico, e que não apenas seja pesquisado a partir do suporte tecnológico – a imprensa.

Considerando os aspectos empresariais que envolvem o jornalismo, há o risco de os periódicos comprometerem sua missão junto à sociedade. Dines (1986: 108) alerta que "um jornal que cede a uma pressão cede a todas". O autor defende que "o caminho é manter inviolável o compromisso com a verdade", e que somente assim o veículo pode se tornar um jornal "mais prestigiado, aceito e, portanto, lucrativo". Entre mercado e sociedade, Dines (1986: 120) lembra que "o jornalista seleciona e opta ao escrever", afetando a vida das pessoas. O "jornalista sabe que, ao redigir uma nota de três linhas, pode estar destruindo uma reputação e uma vida".

Chaparro (2014: 39) complementa que "o jornalismo tornou-se, pois, espaço público de socialização dos discursos particulares", na medida em que "noticiar se tornou a mais eficaz forma de agir no mundo e com ele interagir". O que se verifica como fator de ampliação desses interesses é a atuação, cada vez mais profissional, de comunicadores, utilizando os bastidores do noticiário para tentar emplacar suas pautas e seus interesses. Relação que tende a ficar ainda mais estreita na medida em que os jornais buscam formas mais visuais – e agradáveis – para atrair o leitor. Ou seja, eis a contribuição da imagem neste sentido.

Em se tratando de um conflito entre interesses particulares e o escopo de atuação da imprensa, Chaparro (2014: 26) traz a ideia de que, por trás da "linguagem dos conflitos", há a própria natureza do jornalismo. "O bom jornalismo é uma narração de conflitos", reforça. Ele cita os conflitos políticos, econômicos, sociais, sexuais, culturais, enfim, de todo tipo. Para o autor, tudo isso se aflora no jornalismo, e se manifesta através de ações e falas que podem transformar a realidade. "O jornalismo tem um potencial transformador", conclui.

Este poder transformador do jornalismo, no entanto, quando utilizado pelo leitor para satisfazer seu desejo de protagonizar-se, pode provocar graves conflitos do ponto de vista social e de relacionamento. Lipovetsky (2010: 285) destaca que "os indivíduos, hoje, fotografam e filmam ininterruptamente o seu ambiente: tudo, hoje em dia, do mais dramático ao mais anódino, é matéria do cinema digital". E do jornalismo autônomo também. E esta espécie contemporânea do "eu repórter" - mais um fator de complicação para o exercício do jornalismo junto à sociedade – encontra nas imagens seu ponto forte de disseminação de informações, apuradas ou não; verdadeiras ou não.

Desta forma, diariamente chega ao público um considerável volume de informação das mais variadas fontes e formas de produção. Segundo Cardoso (2013: 33), "os conteúdos – sejam eles informação ou entretenimento – mudaram graças à presença de conteúdos produzidos pelos utilizadores". Trata-se, na verdade, de uma produção caracteristicamente mais customizada, "e não apenas pela esfera corporativa em si, afirmando-se a coexistência de diferentes modelos de informação para diferentes audiências".

Tanto nos formatos noticiosos quanto em ações de entretenimento, cada vez mais se observa a atuação dos utilizadores de informação, em função da disponibilidade das facilidades tecnológicas. Os novos paradigmas de comunicação têm como base a "importância da imagem em movimento", como relata Cardoso (2013: 32), muito provavelmente suportados pelas "novas dinâmicas de acesso à informação e novos papeis de inovação", além da disposição dos utilizados em atuarem na produção de conteúdos.

Imagem e transparência: o óbvio se transforma em paradoxo?

A fotografia surgiu em 1839 com o desenvolvimento da daguerreotipia. Embora sua primeira impressão em jornal tenha sido publicada em julho de 1871 pelo jornal sueco *Nordisk Boktryckeri-Tidning*, ou no dia 4 de março de 1880, pelo norte-americano *The New York Daily Graphic*; somente em 1904 o periódico inglês *Daily Mirror* passa a ilustrar regularmente suas edições com imagens fotográficas. Assim, segundo Felz (2008: 3), "por razões tecnológicas, foram necessários mais de 30 anos para ser possível o aproveitamento de fotografias na imprensa". O autor ressalta que, a partir desse momento, "o mundo tornou-se próximo, pequeno aos olhos da massa", visto que, até então, "o cidadão comum apenas podia visualizar fenômenos que ocorriam perto dele". Nos dias de hoje, é impossível se pensar o jornalismo sem imagens. Barthes (1990: 11) vê a fotografia de imprensa como "um complexo de mensagens concorrentes". A imagem é o centro, enquanto que seus "arredores são constituídos pelo texto, o título, a legenda, a paginação e o próprio jornal".

Lipovetsky (2010: 253) vai ainda mais fundo quando aborda a proliferação da oferta de mídias e o crescimento da comunicação informatizada. Segundo o autor, cada vez mais os indivíduos têm acesso aos meios de forma hiperindividualista, conforme "seus gostos, os seus humores e os seus tempos próprios". Trata-se, então, de uma lógica do espectáculo, que "prossegue e até se amplifica". Ou seja, o período dos *massmedia*, numa comunicação piramidal com sentido único, que alimentou a teoria do espetáculo; "dá lugar cada vez mais a um sujeito interativo, a uma comunicação individualizada, autoproduzida e fora do espaço comercial".

Conforme Dines (1986: 90) "o leitor de hoje não quer apenas saber o que acontece à sua volta, mas assegurar-se da sua situação dentro dos acontecimentos". Ou seja, o autor defende o aprofundamento da informação, de forma que ela ofereça a dimensão comparada, a remissão ao passado, a interligação com outros fatos, a incorporação do fato a uma tendência e a sua projeção para o futuro. Quando os veículos cumprem sua natureza de contextualizar os fatos numa narrativa que vai além da simples cobertura dos acontecimentos, certamente contribuem para a criação de um sentido mínimo para as coisas na mente do leitor.

Barthes (1990: 35) afirma que "o texto dirige o leitor" que, por sua vez, se complementa na "cadeia flutuante de significados" trazida pela imagem. Quando em sintonia com os princípios do jornalismo, esta combinação produz excelentes resultados. Entretanto, a utilização da imagem com intenções apenas estéticas ou, ainda, de forma conotativa; pode levar o leitor a caminhos equivocados em relação à reportagem que leu. Para Dines (1996: 78), a profissionalização da comunicação em defesa de interesses de negócios certamente coloca em risco a credibilidade dos periódicos, da mesma forma que compromete o acesso da sociedade à informação isenta e independente.

Juntando-se os elementos citados até aqui – a revolução que a fotografia provocou nos jornais, a ampliação da oferta de mídia para as pessoas, a necessidade da contextualização pelo leitor e os efeitos do texto e das imagens sobre o público -, defronta-se com uma situação bastante emaranhada. Lipovetsky (2010, p.10) aborda tamanha revolução num período de apenas 50 anos, quando a sociedade passou do "ecrã-espetáculo ao ecrã-comunicação, do ecrã-único ao tudo-ecrã". E se engana quem pense que a critica do autor à "época do ecrã global" se restringe ao mundo do cinema. Afinal, em todos os lugares e a qualquer momento, o utilizador (termo usado por Cardoso, 2013, para definir os públicos da nova e interativa comunicação) está diante de uma tela, das mais diversas dimensões, atraído por informações e entretenimento. O jornalismo contemporâneo não escapa desse labirinto de comunicação.

Diante do século que se confirma como o do "ecrã omnipresente, e multiforme, planetário e multimediático" (Lipovetsky, 2010), torna-se fundamental se ressaltar o empoderamento cada vez maior dos utilizadores nossos de cada mídia. Se, antes, esse sujeito estava refém de uma grade programática e de um intermediário para receber sua informação preferida, após a invenção das redes sociais interativas ele atua como produtor de conteúdos. Ou seja, a sociedade da informação passou da primeira tela (recepção passiva de conteúdos) para a segunda tela (cada indivíduo monta a sua própria grade de programação *on demand*) e, posteriormente, para a terceira tela (o utilizador interfere na preparação de material a ser disseminado).

Do modelo tradicional dos *média* de massa, onde diversos milhões de espectadores recebem simultaneamente uma mesma mensagem, ao livre acesso a conteúdos informacionais pelos próprios utilizadores ativos; o jornalismo contemporâneo debate-se com desafios intermináveis. Para Lipovetsky (2010: 253), o ecrã proporciona a esse utilizador ativo navegar nos sites, comentar dados institucionais, comparar preços etc. Pelo ecrã, o sujeito "se torna fotógrafo e repórter amador", evidencia o autor, ao falar de uma nova forma de experimentar a comunicação que era, até então, essencialmente unilateral.

Neste aspecto, que envolve dinamismo e instantaneidade, a informação vai encontrar um enorme suporte nas imagens, visto que sua utilização não apenas amplia o poder de atração do leitor como também facilita a ilustração de fatos e de versões. O exagero, no entanto, pode levar facilmente ao sensacionalismo ilustrado, o que nem sempre representa a cobertura documental de uma ocorrência.

Esta tamanha tentação ilustrativa parece ter chegado também ao jornalismo profissional que, na ânsia do imediatismo informacional, por vezes cai na armadilha da ditadura da imagem. Cobertura de guerras, transmissão de conflitos sociais, disseminação de tragédias humanas etc. são exemplos de situações onde o peso da imagem, por vezes, pode comprometer a qualidade da informação sobre o relato dos fatos. Seja pelo repórter amador ou, ainda mais grave, pelos veículos profissionais.

Em 2015, uma imagem chocou o mundo: Aylan Kurdi, o menino sírio-curdo de três anos, morto numa praia da Turquia, vítima de naufrágio em fuga do Oriente Médio e África tentando chegar à Europa por conta da crise migratória. Além do afogamento que causou consternação ao redor do mundo e transformou o episódio em um símbolo da tragédia dos refugiados das atrocidades do Estado Islâmico, a divulgação da fotografia, nas primeiras páginas de inúmeros jornais do planeta, revelou o caráter sensacionalista do jornalismo contemporâneo (conforme figura 1).

Figura 1: jornal *Público*, 2015.

Um ano após a publicação da foto do corpo numa praia da Turquia, o episódio ainda gera polêmicas. Na ocasião, o jornal britânico *The Independent* defendeu em editorial que "essas imagens com poder extraordinário" deveriam sensibilizar as autoridades européias. O *The Guardian*, também britânico, disse que as fotos levaram para as casas das pessoas "todo o horror daquela tragédia humana", enquanto que o americano *The Washington Post* classificou a imagem de "o mais trágico símbolo da crise de refugiados do Mediterrâneo". O português *Público* também utilizou seu editorial para explicar a publicação das imagens chocantes. O jornal trouxe a fotografia em sua capa justificando que a imagem está correndo o mundo com o nome "naufrágio da humanidade". Transparência ou sensacionalismo editorial?

No Brasil, uma série de protestos da população contra as autoridades governamentais a partir de junho de 2013 proporcionou duas situações distintas do poder da imagem no noticiário jornalístico: a seletividade editorial dos grandes jornais e a novidade do jornalismo alternativo do canal *Mídia Ninja*. Na imprensa profissional as imagens foram utilizadas, praticamente por quase todos os veículos, de maneira a criminalizar os movimentos. Cenas de maior apelo e impacto visual, como "o fogo em lixeiras ao final das manifestações, que se tornaram clássicas imagens de primeira página, assim como a bandeira brasileira próximo às chamas", escreveu a jornalista Kelly Lima em artigo sobre o Brasil e o fotojornalismo publicado em 2016. Como resposta ao jornalismo oficial editado, o canal coletivo *Mídia Ninja* expressou sua linha editorial alternativa publicando imagens captadas tanto por profissionais quanto por colaboradores independentes através, inclusive, de câmeras celulares. Para Kelly Lima, trata-se de uma iniciativa de "integração de forças para contar a narrativa histórica do *front* de batalha brasileiro", através de transmissões "do momento *on-line* e *on-time*".

E para garantir imagens em tempo e ângulos reais, os fotógrafos correm sérios riscos. Marques (2016: 37) relata depoimentos de fotógrafos que participaram dessas coberturas. Segundo ele, o fotógrafo André Dusek, para sobreviver no *front*, "além de apurar sua estética e competir com as imagens divulgadas aos borbotões por amadores nas redes sociais", o fotojornalista passou a usar uma "armadura" para não ser ferido nos protestos, onde os manifestantes eram reprimidos com gás lacrimogênio, jatos de água e balas de borracha.

Imagem e reputação aos olhos da sociedade

Em alinhamento com a "linguagem dos conflitos", de Chaparro (2014: 26), cabe ressaltar os aspectos sensacionalistas do jornalismo quando da utilização de imagens para a cobertura de atrocidades. Didi-Huberman (2012: 95) fala de "imagens falsas", como formas de manipulação com "o intuito de induzir esta ou aquela crença". Ele cita, ainda, a crítica de Roland Barthes (1990: 16) às "fotografias-choque", na construção do horror tornando-se "estado intermédio entre o fato literal e o fato ampliado".

Segundo Didi-Huberman (2012: 95), "da cobertura jornalística ao culto mediático, da constituição legitima de uma iconografia à produção abusiva dos ícones sociais, frequentemente não vai senão um passo". Embora contribua para a conquista imediata da atenção do leitor, a prática da utilização da imagem em excesso pode contribuir para a banalização da informação. Aquilo que o autor (2012: 77) chama de "hiper-interpretação" torna-se uma verdadeira obstinação em destruir o olhar, na medida em que se qualifica como reconstituição, ficção e criação.

Bastante criticado pela importância que atribui às quatro fotografias feitas num campo de concentração em 1944 ao considerá-las como verdadeiros testemunhos da história do Holocausto, Didi-Huberman (2012: 111) ressalta que "as imagens, como é evidente, não dão tudo". Análise, por sinal, bem de acordo com Sontag (1986: 28): "As imagens paralisam. As imagens anestesiam". Ela ressalta, ainda, que "um acontecimento conhecido através da fotografia torna-se certamente muito mais real, mas também se pode tornar menos real após a repetitiva exposição às imagens".

Sobre o poder de influência da fotografia de imprensa, cabe retornar a Barthes (1990: 14) e sua leitura sobre os efeitos da conotação da imagem. Enquanto "análogo mecânico do real, a sua primeira mensagem preenche de certo modo plenamente a sua substância e não permite qualquer desenvolvimento de uma mensagem segunda". Ele entende a fotografia como "a única a ser exclusivamente constituída e ocupada por uma mensagem denotada, que absorveria completamente o seu ser".

Barthes (1990: 16), no entanto, não deixa de alertar para os riscos da conotação, tida como "imposição de um segundo sentido à mensagem fotográfica propriamente dita", que é elaborada nos diferentes níveis de produção fotográfica: escolha, tratamento técnico, enquadramento, paginação. Ou seja, a manipulação de imagens, ou, segundo ele, os "processos de conotação", podem ocorrer das seguintes formas: "trucagem, pose, uso de objetos, fotogenia, estetismo e sintaxe".

Pela "**trucagem**" entende-se a montagem de uma cena fotográfica, a partir da fusão de duas ou mais imagens, a fim de denotar algo que, de fato, não existiu. Trata-se de uma montagem, literalmente. O autor (1990: 17) exemplifica com uma foto publicada pela imprensa americana em 1951, nos EUA, que derrubou o senador Millard Tydings, ao mostrá-lo conversando com o dirigente comunista Earl Browder.

A **pose** fotográfica compreende uma espécie de direção fotográfica na arrumação dos motivos a serem documentados. Por exemplo, "foto do busto do presidente Kennedy, visto de perfil, com os olhos erguidos para o céu, de mãos postas", sinalizando "juvenilidade, espiritualidade, pureza". A utilização de **objetos** implica em colocar elementos de significação estrategicamente na cena da fotografia, o que conota uma desejada leitura do ambiente fotografado. A **fotogenia**, por sua vez, diz respeito ao embelezamento da imagem por meio de iluminação, impressão, tiragem. São os "efeitos técnicos". O **estetismo** é uma classificação que o autor dá à fotografia quando a mesma é feita a partir de uma pintura. Para o autor, a **sintaxe** é uma sequência de fotos, um encadeamento ou filme.

A tentativa, por quem publica, de induzir o seu público à leitura desejada encontra outros caminhos, também, nas formas de narrativa. É que se pode chamar de "olhar militante" ou "olhar intimo" dos quais fala Lipovetsky (2010: 148): "uma narrativa nunca é neutra". Numa metáfora à realidade do cinema, o autor se refere aos produtos de comunicação que resultam do trabalho de "militantes', cujo comprometimento com o tema trabalhado induz a uma tentativa de convencimento junto ao espectador. Analisando-se, no entanto, a reação do leitor, em geral, parece existir uma lacuna de sentidos e significados. Independente da questão conotativa do uso da imagem (voltando ao exemplo do menino sírio e contrastando-a com o pensamento de Dines ao falar da contextualização dos acontecimentos), espera-se do jornalismo uma atuação mais socialmente responsável. Dines (1986, p.90) resgata, ainda, que o leitor tem o direito de não querer apenas "saber o que acontece à sua volta, mas assegurar-se da sua situação dentro dos acontecimentos". Para ele, é com o engrandecimento da informação que se garante uma comunicação de qualidade. E lamenta que o jornalismo investigativo tenha se confundido com um jornalismo de sensações ou de escândalos.

A imagem na prática jornalística: evolução

Da primeira utilização nos anos 1800 aos dias de hoje, a imagem – gravura, fotografia, ilustração, digital, gráfico ou tabela, infográfico, em movimento – vem ocupando um espaço cada vez maior nas edições dos jornais em todo o mundo. Em alguns casos complementa a escrita; noutras situações sobrepõe-se ao texto. Testemunhando fatos ou facilitando a diagramação das páginas, a imagem tem sua presença obrigatória nos periódicos, sejam impressos ou digitais.

Da clandestinidade testemunhal de Didi-Huberman – quatro películas produzidas às escondidas em 1944 se tornaram imagens exclusivas do campo de concentração de Auschwitz – à obra de Perniola – invisibilidade pelo excesso de exposição -, a imagem tem modificado a relação do veículo com seu público. Da conotação à denotação de Barthes ao *self media*, de Lipovetski; a convivência entre textos e elementos de ilustração tem contribuído para reflexão sobre o verdadeiro papel do jornalismo na criação de sentido junto ao seu leitor.

Numa rápida retrospectiva sobre a utilização de imagens em periódicos, cabe viajar pelas páginas de alguns jornais a fim de verificar a evolução desta estratégia. O jornal português *Público*, por exemplo, em sua edição de estréia, em novembro de 1989, apresentava apenas 11% de seu espaço informativo ocupado por fotografias, contra 89% de texto em suas páginas. Em março de 1990, essa relação se mantinha com leve alteração: 14% de imagens para 86% de textos. Avançando a dezembro de 2016, o quadro muda radicalmente: 61% de fotografias e 39% de escrita (figura 2).

Figura 2: jornal *Público*, capas de 2016

Cabe ressaltar que o *Público*, considerado atualmente como um dos principais periódicos de Portugal – tanto no formato impresso quanto em meio digital – surgiu originalmente um século depois da primeira publicação de uma fotografia em jornal diário. Ou seja, trata-se de um jornal que já nasceu sob a forte influencia da utilização de imagens em suas páginas e que, ao longo do tempo, também investiu nessa espécie de estratégia visual para conquistar e manter seus leitores.

O estadunidense *The Washington Post*, fundado em 1877, trouxe em uma das últimas edições do século XIX uma capa sem nenhuma fotografia. Já em 1970, ano do "escândalo de Watergate" que contribuiu para a renúncia do presidente Richard Nixon, o jornal editou uma capa com 10% de imagem em relação à mancha de texto. *"Nixon says He won't resign"* foi a manchete ilustrada com fotografia do presidente. No ano de 2001, logo após a queda das Torres Gêmeas, a capa com o título *"Justice has been done"* projetou a imagem de Osama Bin Laden, numa edição que contou com 50% de fotografias. Conforme figura 3, abaixo.

As tentativas de adequação aos interesses de seu público também se verificam nos aspectos da gestão do negócio. Segundo o jornalista Fernando Rodrigues, "o periódico não conseguiu se adaptar à realidade digital na mesma velocidade de seus concorrentes". Não por acaso, o Washington Post "teve queda de 38% na circulação em 10 anos", ou seja, de 2004 a 2013, a circulação média diária do impresso caiu de 726 mil para 447 mil exemplares. Citando a *Alliance for Audited Media*, o jornalista informa que a circulação diária digital do "Post" foi, na média, de 42.313 leitores entre outubro de 2012 a março de 2013 (figura 3).

Figura 3: *The Washington Post* em três momentos diferentes.

Com sede em Londres, o *The Guardian* reproduz a mesma lógica: avanço da imagem em manchas de diagramação, até então, ocupadas por palavras. Analisando-se três capas em décadas distintas, tem-se uma evolução numérica do espaço ocupado pelas fotografias de imprensa. Nos anos 1990, a edição com destaque para a manchete *"Familes face nuclear tax on Power bills"* ocupou 12% da primeira página com fotos. Na década seguinte, a capa com o título *"Faith in Cameron grows as Miliband fails to impress"* contou com 40% de imagens. Em 2016, na cobertura das eleições presidenciais norte-americanas, o *The Guardian* ocupou 60% da página principal com imagens: "America decides" (ver figura 4).

Fundado em 1821, o *The Guardian* é também editado no formato on-line no Reino Unido, além de possuir dois sites internacionais: *Guardian* Austrália e *Guardian* USA. Em agosto de 2013, a edição impressa do The *Guardian* tinha uma circulação média diária de 189 mil exemplares. A edição on-line do jornal era a quinta mais lida no mundo em outubro de 2014, com mais de 42,6 milhões leitores. No Reino Unido, a sua impressão combinada com as edições on-line chegam a quase 9 milhões de leitores (figura 4).

Figura 4: edições do jornal inglês *The Guardian*.

Ainda na Inglaterra, a tendência da sobredeterminação da imagem prevalece após análise do jornal *The Independent*. Ainda nos anos 1980 – década de sua fundação -, é possível encontrar uma edição praticamente sem imagens na capa: a manchete *"The day America took leave of its senses"* foi publicada numa primeira página com cerca de 98% de texto e apenas duas mínimas ilustrações. Uma edição nos anos 2000, no entanto, já utiliza cerca de 58% de imagens para ilustrar a capa que traz a seguinte manchete: *"Woolvich suspect inspired by banned hate imam"*. Em 2013, o percentual de presença de fotografais subiu para 62%, cuja capa trazia a manchete *"Poll latest: Labour loses one voter"* (Figura 5).

Segundo a Associação Nacional de Jornais – ANJ, com sede em Brasília, no Brasil; "o mais jovem dos principais jornais britânicos", o *The Independent*, foi o "primeiro veículo impresso do Reino Unido a migrar por completo do papel para o digital". Fundado em 1986, o periódico teve sua última edição impressa em março de 2016. A decisão de atuar exclusivamente no meio on-line foi justificada pela direção do jornal em função do "comportamento dos seus leitores". Ainda de acordo com a ANJ, em 2015, segundo os editores do *The Independent*, "a audiência do *site* cresceu 33,3% em todo o mundo, somando cerca de 70 milhões de usuários únicos". Conforme levantamento de dezembro de 2015, o site de jornal conta com 2,8 milhões de usuários diários únicos, oferecendo conteúdo aberto.

Figura 5: evidências do jornal *The Independent*.

O periódico pioneiro na utilização de fotografia impressa – jornal norte-americano *The New York Daily Graphic* – foi fundado em 1873 e deixou de circular a partir de setembro de 1889. Este tablóide, que foi provavelmente o primeiro jornal diário ilustrado, publicou em 04 de março de 1880 o primeiro meio-tom em vez de reprodução gravado de uma fotografia de notícias. Cabe ressaltar que alguns pesquisadores, no entanto, atribuem este feito ao jornal sueco *Nordisk Boktryckeri-Tidning* (1871) ou, ainda, à revista semanal inglesa *The Illustrated London News* (1842). Conforme figuras 6 e 7 (infelizmente não foi encontrada imagem do jornal sueco).

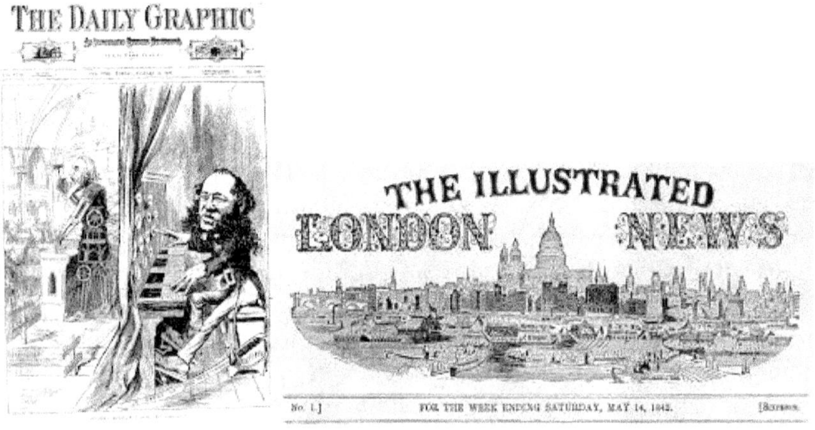

Figura 6: The Daily Graphic e figura 7: The Illustrated London News.

Comparando-se os jornais impressos com suas próprias versões digitais, percebe-se que a proporção entre imagem e texto é ainda mais desequilibrada. Uma edição impressa do *The Washington Post* em junho de 2016 teve 30% de fotografias contra 70% de textos, enquanto que no mesmo ano uma edição online teve 50% para cada tipo. Em simulações aleatórias, o percentual de imagens é a seguinte, de acordo com cada um dos periódicos citados anteriormente: *Público* (61% no impresso e 65% no digital), conforme figura 8; *The Guardian* (60% em papel e 80% na versão online); e *The Independent* (impresso: 62%, digital: 90%). Conforme figura 8.

Figura 8: *Público* - digital e *Jornal de Notícias* - impresso e digital.

Para além da análise sobre a utilização de imagens nas páginas dos periódicos citados – objeto de estudo deste trabalho -, cabe ressaltar alguns dos aspectos negociais das empresas que os editam regularmente. Independentes no ano de fundação – o que implica em tradição e consequente consolidação no mercado de notícias -, todos os veículos convivem com a modificação do comportamento do seu leitor. Seja num processo de migração para as fontes digitais ou, simplesmente, diminuindo drasticamente seus hábitos de leitura, a decisão do consumidor de informação tem impactado significativamente a vida das empresas de jornalismo.

Em todo o mundo, os jornais estão se dedicando ao desenvolvimento do jornalismo digital com o desafio de obter modelos de negócios mais rentáveis. No *The Washington Post*, por exemplo, engenheiros e repórteres trabalham lado a lado na criação de "experiências digitais", segundo o editor-executivo Martin Baron. Outras empresas também trabalham com as alternativas de se cobrar pelo conteúdo disponibilizado na rede, que ficaram famosas especialmente depois da adoção do chamado *paywall* pelo *The New York Times* e pelo *The Wall Street Journal*, dois dos principais jornais dos Estados Unidos.

Desde o final de 2013, o jornal *Público* vem aplicando um sistema próprio de cobrança por conteúdos digitais. Somente após efetuar a leitura grátis de 20 textos num mesmo mês no site do jornal é que o leitor é convidado a fazer uma assinatura do veículo. A iniciativa foi justificada pela direção da empresa como parte da estratégia de internalização e desenvolvimento de novos projetos a fim de garantir a sustentabilidade do jornal.

O britânico *The Independent* optou pelo caminho oposto: se desprendeu de suas *paywalls* desde o final de 2016, a exemplo de uma série de organizações de notícias em língua inglesa. Já o concorrente *The Guardian* tem resistido publicamente à idéia de cobrança por conteúdo. Estas idas e vindas dos veículos em busca de melhoria em suas fontes de receita demonstra que, também na questão gerencial, o jornalismo enfrenta grandes desafios para manterem-se no negócio de informações em tempos de autonomia, liberdade de escolha e certo desinteresse por parte do leitor.

Conclusão

Na Grécia antiga, a utilização de imagens era justificada para simplificar a leitura e a história. Entendia-se que o processo da leitura e da audição da palavra é mais difícil que a visualização da imagem. Tal prática, no entanto, não escapou da crítica de que o uso da imagem em detrimento à escrita provoca o empobrecimento do receptor. Transportando-se essa situação para a realidade do jornalismo contemporâneo, admite-se o risco da alienação do leitor-espectador-internauta em função do atual formato jornalístico.

É inegável que o avanço das redes sociais e, com elas, a possibilidade concreta da interação entre indivíduos, mesmo num ambiente de mass media; trouxe enormes desafios para o jornalismo contemporâneo. Em sua luta constante pela audiência, os veículos informacionais não escaparam da estratégia mais imediata: sacrifício da escrita em favorecimento à uma espécie de sobredeterminação da imagem. Paradoxalmente, a melhoria visual das páginas parece não garantir uma maior transparência aos conteúdos publicados. E num ambiente caracterizado pelo excesso de informações, percebe-se, no entanto, um leitor carente de significados.

Esta reflexão justifica-se pelo fato de que o jornalismo não deve abrir mão de seu papel transformador junto à sociedade. Principalmente, na era da informação, bastante caracterizada por uma sociedade "hipermoderna" e "liquida", na qual a superficialidade do conhecimento e o individualismo como comportamento podem estar a revelar uma lacuna provocada pelo exercício do jornalismo. A necessidade de se construir uma visão de mundo – um sentido -, cada vez mais evidente, aponta para a importância do jornalismo na sociedade.

Não se podem excluir, evidentemente, outros fatores críticos que permeiam a realidade do jornalismo no mundo: a gestão do negócio que se encontra em fase de declínio e a mudança radical do perfil do consumidor de informação. Além do embate sobre a forma de distribuição – impresso e/ou digital – a indústria do jornalismo convive com as incertezas dos recursos, o que lhe empurra a buscar novas formas de captação financeira, além das receitas publicitárias – também em queda e mais disputadas – e da venda de conteúdos – *crowdfunding, paywalls*, etc.

Se na parte mais tangível os desafios lançam uma cortina de fumaça sobre a área; no que se refere ao público – parte mais subjetiva e sensível -, a situação parece se complicar ainda mais. Assim, a literacia para os *media* surge como outro tema a provocar o jornalismo. Ou seja, é fundamental que se mensure o grau de entendimento e a capacidade crítica que o utilizador de conteúdo tem a partir do que recebe dos media. Em nome da democratização do conhecimento, bem como do comprometimento com o leitor-cidadão, cabe ao jornalismo o exercício desse papel didático e transformador.

Entre a conotação e a denotação, de que fala Barthes, o jornalismo não pode fugir da sua responsabilização enquanto retórica, narrativa e ideologia. Ou seja, o sentido de mundo passa, também, pela leitura dos conteúdos jornalísticos. A personificação concreta do *self media*, diante do protagonismo do sujeito comum – conforme Lipovetsky – ao mesmo tempo amplia e estreita a atuação do jornalista, o que lhe impõe a urgência em se reinventar.

Portanto, resgatar o jornalismo como agente de transformação da sociedade parece ser o grande desafio para essa área especifica da comunicação social. Uma pauta que não pode ficar ausente do debate sobre o jornalismo que se pratica nos dias de hoje. Seja impresso, televisivo ou on-line, a simplificação da leitura e a busca a qualquer custo pela audiência não podem comprometer o entendimento das pessoas sobre o que se passa no mundo, muito menos a atuação do cidadão na história da sociedade.

Referencias bibliográficas

Berger, Christa e Marocco, Beatriz (org). (2006). A era glacial do jornalismo – teorias sociais da imprensa: pensamento crítico sobre os jornais. Porto Alegre: Sulina.

Barthes, R. (1990). A retórica da imagem, In: O óbvio e o obtuso. Rio de Janeiro: Nova Fronteira.

Cardoso, Gustavo. (2013). A sociedade dos ecrãs. Sociologia dos ecrãs, economia da mediação. Lisboa: Tinta-da-China.

Chaparro, Manuel Carlos. (2014). Jornalismo: linguagem dos conflitos. Edições Chaparro: SP.

Didi-Huberman, Georges. (2012). Images malgrè tout. Tradução: Vanessa Brito, João Pedro Cachopo. Edição: KKYM, Lisboa.

Dines, Alberto. (1986). O papel do jornal: uma releitura. 5ª Edição, ampliada e atualizada com um apêndice sobre a Questão do Diploma. São Paulo: Summus Editorial.

Dines, Alberto. (1996). O papel do jornal: uma releitura. Novas buscas em comunicação, v. 15, 6ª ed. São Paulo: Summus.

Felz, Jorge Carlos. (2008). A fotografia de imprensa nas primeiras décadas do século XX – o desenvolvimento do moderno fotojornalismo. Trabalho apresentado ao GT História da Mídia Visual do VI Congresso Nacional de História da Mídia – Niterói (RJ).

Lima, Kelly. (2016). Brasil e o fotojornalismo de protesto: modos de ver. Postado em http://elpulpo.com.br/pb/author/kellylima/).

Lipovetsky, Gilles e Serroy, Jean (2010). O ecrã global. Lisboa: Edições 70 (Coleção Arte & Comunicação).

Marques, Alan. (2016). A Máquina de Acelerar o Tempo: Conversas sobre o Fotojornalismo Contemporâneo. Brasília: Appris Editora.

Melo, José Marques de. (2012). História do jornalismo: itinerário crítico, mosaico contextual. São Paulo: Paulus, (Coleção Comunicação).

Perniola, Mario. (2004). Contra a Comunicação. Lisboa: Teorema.

Stephens, M. (1993). História das comunicações. Rio de Janeiro: Civilização Brasileira.

Sontag, Susan. (1986). Ensaios sobre fotografia. Tradução: J. A. Furtado. Editora Dom Quixote, Lisboa.

Weber, Max. (1992). Para una sociologia de la prensa. Revista Española de Investigación Cientifica, 57, p. 251-262. Madri: Centro de Investigaciones Sociológicas.

Sites na Internet:

ANJ – Associação Nacional de Jornais. Internet: https://www.anj.org.br. Acesso em 05/01/2017.

Blog do Fernando Rodrigues. http://fernandorodrigues.blogosfera.uol.com.br/2013/08/07/washington-post-teve-queda-de-38-na-circulacao-em-10-anos/. Acesso em 05/01/2017.

Mídia Ninja. Internet: https://ninja.oximity.com/. Acesso em 12/12/2016.

Público (jornal): https://www.publico.pt. Acesso em 05/01/2017.

The Guardian: https://www.theguardian.com. Acesso em 05/01/2017.

CAPÍTULO VI

ANÁLISIS DE PROBLEMAS SOCIALES A TRAVÉS DEL PERIODISMO PREVENTIVO

Samara Alejandra Martínez Montaño
Universidad Autónoma de Chihuahua

RESUMEN

El presente trabajo tiene como objetivo comprender los mecanismos aplicados al mensaje periodístico de tres medios informativos así como contrastar la información que publican, con la perspectiva del Periodismo Preventivo. Se analiza la relación que se establece entre dos variables: 1) el conocimiento de la perspectiva del periodismo preventivo y 2) si las notas periodísticas exponen propuestas y/o soluciones desde el periodismo preventivo cuando abordan problemáticas sociales. Se busca identificar, mediante el análisis de contenido, las estructuras utilizadas para exponer el mensaje noticioso a los usuarios. El método utilizado es mixto mediante el monitoreo de notas periodísticas publicadas del 3 de octubre al 3 de noviembre de 2016 en dos medios impresos locales (Chihuahua), dos medios digitales locales, dos medios digitales nacionales y dos medios impresos nacionales. El análisis, la identificación de actores que ofrezcan alternativas de solución y la contextualización, son las categorías establecidas desde la perspectiva del periodismo preventivo así como el seguimiento de los medios masivos y el análisis de comunicación. Algunas de los hallazgos establecen la necesidad de a) reconocer que el seguimiento de la labor de los medios es fundamental para lograr una mejor calidad en la información; b) el monitoreo como técnica de análisis del discurso demuestra que el trabajo informativo carece de exposición del problema, sus causas, sus consecuencias y víctimas, expresadas de manera clara; y c) es deseable promover la mejora de la información.

Palabras clave

Herramienta, medios masivos, monitoreo de contenido.

INTRODUCCIÓN

Desde hace años hay diversas corrientes periodísticas que se han planteado hacer una información que fuera realmente útil para la sociedad que les leía, escuchaba y veía en los medios. A continuación, se detalla un breve recorrido por algunas de estas líneas informativas, que han sido fundamentales para poner los cimientos de lo que el autor de esta línea, el Dr. Javier Bernabé Fraguas, define como "Periodismo Preventivo".

El Periodismo Preventivo, pretende ser una disciplina o corriente periodística cuya intención es dotar a las diversas opiniones públicas, nacionales e internacionales, de elementos informativos que sean útiles para comprender el origen, desarrollo y desenlace de las situaciones clave, destacando los esfuerzos para su resolución, haciendo visibles aspectos que permitan la prevención de situaciones con características similares en un momento posterior, a partir de la información realizada antes, durante y después del acontecimiento. Entendemos por situaciones clave los conflictos armados, las crisis institucionales, las crisis sociales, las crisis humanitarias, las crisis de derechos humanos y las crisis medioambientales, que se transforman en las áreas de trabajo desde la perspectiva del Periodismo Preventivo.

Hasta este momento en México, el concepto de Periodismo Preventivo, no ha sido aplicado, abordado o utilizado, ya que es posible que exista un desconocimiento de los avances establecidos en cuanto al ámbito de desarrollo así como el reconocimiento sobre los alcances obtenidos en otras latitudes.

Desde esta perspectiva, conviene revisar el análisis de contenido presentado en los resultados del estudio realizado, que lleven a periodistas y comunicólogos a analizar y evaluar su manera de ejercer la labor periodística.

El objetivo general de investigación busca describir la situación que existe, dentro de los medios de comunicación bajo estudio, con respecto a las propuestas del Periodismo Preventivo como herramienta de análisis periodístico. A partir de lo anterior, los objetivos específicos son:

- Analizar el contenido de los mensajes noticiosos de tres medios con diferente formato: un medio impreso publicado en la ciudad de Chihuahua, un medio digital también difundido desde la misma ciudad y otro medio digital pero de impacto nacional.

- Establecer la relación entre las variables e indicadores abordados por la perspectiva del periodismo digital y los mensajes noticiosos revisados.

- Comparar los medios bajo estudio bajo el supuesto de que el medio de impacto nacional cuenta con mayores posibilidades de abordar la información de manera distinta.

- Dar a conocer el uso de una herramienta periodística para el análisis de problemas sociales.

Javier Bernabé (2011, p.12) declara que:

> "Los medios de comunicación han jugado un papel primordial transmitiendo la idea de inseguridad, de amenaza, dejando a través de las noticias sobre todo tipo de catástrofes, crisis de todo orden, terrorismo y guerra, un ambiente nada tranquilizador y probablemente poco objetivo. Desde el periodismo preventivo las propuestas se encaminan precisamente a evitar ese ambiente de incertidumbre, de inestabilidad que hoy comparten las sociedades postmodernas."

MATERIALES Y MÉTODOS

El método fue mixto. Se utilizó el aspecto cuantitativo para identificar el número de notas por medio, por género periodístico en que estaba redactada la nota y por temática abordada. El enfoque cualitativo se aplicó al analizar solo las notas cuyo tema se refería a problemáticas sociales y se buscó la presencia de los siguientes indicadores: si exponía algún problema social; si incluía a los actores o protagonistas del anterior; si planteaba las causas y las consecuencias; y si ofrecía solución o soluciones al problema.

Para iniciar, se eligieron ocho medios noticiosos que publicaban información diaria. La intención de la selección fue establecer elementos de comparación a partir de los formatos que usaban así como identificar las semejanzas y diferencias en cuanto a la oferta de los mensajes noticiosos. El monitoreo de los ocho medios se llevó a cabo del 3 de octubre al 3 de noviembre de 2016.

Los indicadores se obtuvieron con base en la perspectiva del Periodismo Preventivo que consiste en la revisión detallada del contenido de información de un problema social. A partir de lo anterior es necesario identificar las siguientes categorías de análisis:

Categoría	Indicador
El género periodístico	Es necesario que el analista conozca los géneros periodísticos a profundidad (nota informativa, entrevista, crónica, reportaje, artículo de opinión, editorial, etc.) y sus características para que tenga la capacidad de determinar a qué género corresponde.
El problema social	El analista debe comprende cada aspecto del problema para determinar si es social o no y responder a las preguntas de - qué, cómo, dónde, por qué, quién y cuándo. Este proceso puede incluir los siguientes tipos de preguntas: ¿Cuál es el problema?
Los actores	Se determinan las personas o instituciones involucradas en el tema, que intervengan de manera directa con la problemática.
Las causas	Se identifican los puntos detonantes del problema, el analista debe de investigar para tener un conocimiento amplio del tema.
Las consecuencias	Es necesario analizar las notas que incluyan las consecuencias de la problemática, por lo general éstas se encuentran en el último párrafo y son factores fundamentales para el Periodismo Preventivo.
La propuesta o soluciones posibles al problema	Los actores involucrados deben dar alguna propuesta o solución al problema. Para localizarlo es necesario leer detenidamente y la labor del periodista se encuentra en analizar si la propuesta o solución es viable o no.

RESULTADOS

Se revisaron un total de 5, 028 notas informativas de los tres medios analizados durante el periodo señalado. El 67% de las notas fueron publicadas por los diarios impresos y 18% por los medios digitales. Aunque el universo de información revisado era prometedor, las notas que contenían información sobre algún problema social fueron considerablemente menores según se muestra en la siguiente gráfica:

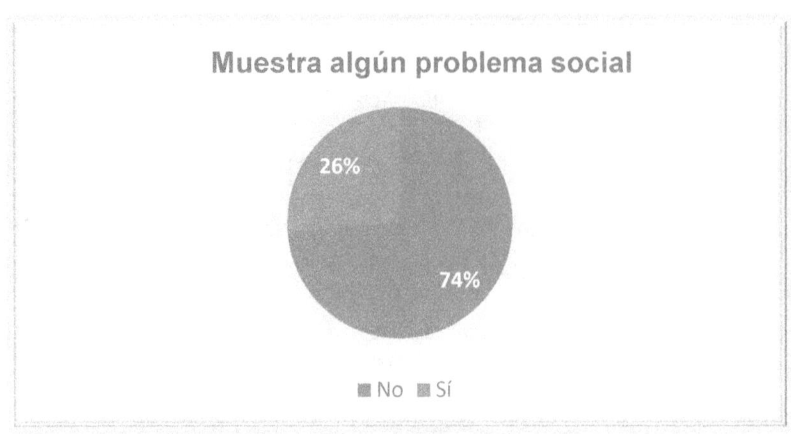

Gráfica 1. Proporción de notas informativas que abordaban algún problema social

La gráfica 1 muestra que el análisis realizado al contenido de las notas informativas identificó que solo el 26% del total exponía la información acerca de algún problema social. Cabe mencionar que desde la perspectiva del Periodismo Preventivo, es un porcentaje bajo. En cuanto a la segunda categoría de análisis, referida a la identificación de los elementos del problema, las causas y las consecuencias, para determinar si el contenido periodístico correspondería a la perspectiva del Periodismo Preventivo, se obtuvo lo siguiente:

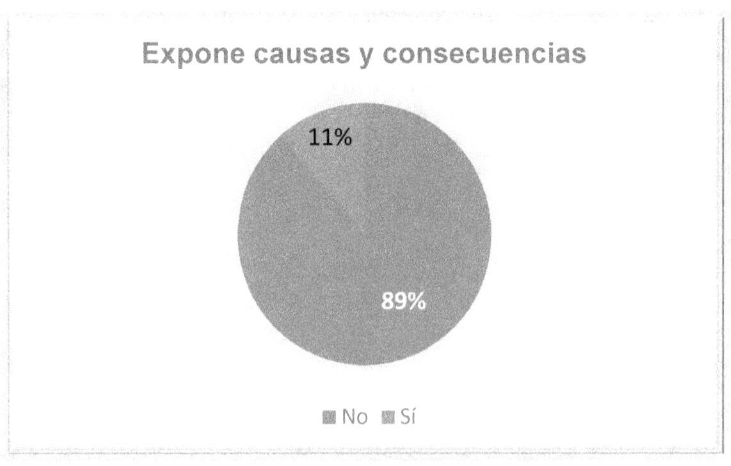

Gráfica 2. Inclusión de causas y consecuencias del problema

La gráfica 2 muestra que el porcentaje de las notas que incluyeron la segunda condición para que la información fuera abordada desde la perspectiva del Periodismo Preventivo, es mucho menor. Las notas no mostraban las causas y si las consecuencias o solamente las primeras, lo que también las hacía equívocas.

Finalmente, acerca de la inclusión de alguna propuesta de solución a la problemática social planteada se obtuvo lo siguiente:

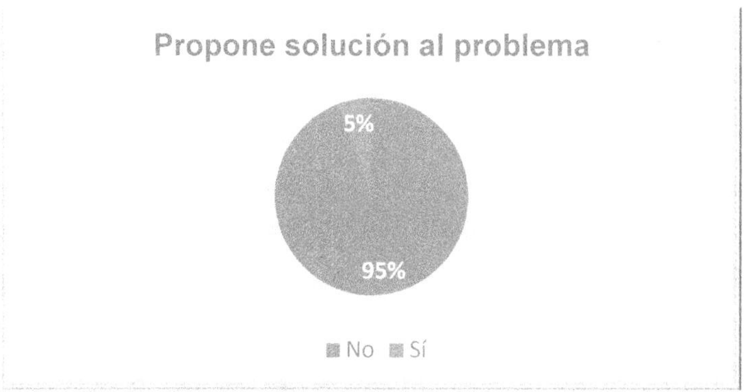

Gráfica 3. Inclusión de propuesta de solución al problema

La gráfica 3 muestra que solo el 5% de las notas revisadas incluyeron alguna propuesta de solución a la problemática social planteada.

Con base en lo anterior, se evidencia que la perspectiva del Periodismo Preventivo no es aplicada en el trabajo cotidiano de los tres medios bajo estudio lo que impacta de manera directa en la realidad periodística en México así como en los elementos que ofrecen los medios noticiosos a sus usuarios para la toma de decisiones. En el caso de los medios revisados, la mayor proporción de información revisada ofrece datos descontextualizados.

DISCUSIÓN

Martínez Fábregas (2015, p. 120) menciona que: "la confluencia de distintos discursos sobre un mismo tema en el periódico puede suponer la ausencia de un discurso único y unificado dentro del mismo". Por otra parte, algunas empresas periodísticas atienden la libertad para la selección del tema del problema social y el posicionamiento ideológico que rigen las medios de comunicación (López Hidalgo, 2012); sin embargo, esta realidad podría suponer la confluencia de distintos posicionamientos con respecto a los problemas sociales por parte de los periódicos analizados donde se muestra una postura de franco desconocimiento acerca del Periodismo Preventivo. Este hecho invalidaría a los diarios bajo estudio como órganos de difusión del Periodismo Preventivo, tal y como sostenían Alférez, Montabes Pereira y Redero y García, citados por Martínez Fábregas.

CONCLUSIONES

- Tras monitorear, podemos concluir que el periodismo preventivo tiene un 5% en la presencia de los medios de comunicación monitoreados.

- Así se demuestra que el periodismo preventivo, al menos en México, aún no se aplica en los medios de comunicación, y si se aplica, la mayoría de las veces el autor de la información no tiene idea de que lo que está generando es un análisis crítico de un problema social.

IMPLICACIONES O IMPACTO

La sociedad periodística se vería beneficiada con la implementación del análisis del Periodismo Preventivo, gracias a la presentación de nuevas herramientas para resolver problemas sociales. Así mismo, la sociedad en general recibiría una mejor calidad de información, haciendo un correcto uso del mensaje periodístico, con el fin de proporcionar propuestas para erradicar problemas sociales.

BIBLIOGRAFÍA

Bernabé Fraguas Javier. (2007). *Periodismo Preventivo.* Madrid, España: La Catarata.

Lasswell, Harold D. (1085). Estructura y función de la comunicación en la sociedad, en Moragas Spá, Miquel, *Sociología de la comunicación de masas*, tomo II. Barcelona. Gustavo Gilli.

López Hidalgo, Antonio (2012). *La Columna. Periodismo y literatura en un género plural*. España. Comunicación Social ediciones y publicaciones.

Maeso Martínez, Irene (2013); *"Periodismo preventivo. Los medios de comunicación en la prevención y resolución de conflictos armados"*, investigación inédita.

Martínez Fábregas, Jezabel. (2015). El comportamiento de la prensa oficial con respecto al Gobierno Suárez durante las elecciones legislativas de junio de 1977. *Estudios sobre el mensaje periodístico*, Norteamérica. Consultado el 12 de marzo de 2017. Disponible en: http://revistas.ucm.es/index.php/ESMP/article/view/49084

Martínez, Yolanda; *"Periodismo Preventivo", Estudios Internacionales de la Complutense* vol. 4 - 2002/no1, edita Sección Departamental de Estudios Internacionales, Facultad de CC. De la Información, UCM.

CAPÍTULO VII

LA PRESENCIA DE MARCA ESPAÑA EN LA PRENSA: EL CASO DE UN CONCEPTO DESVINCULADO DE LA INSTITUCIÓN QUE LE DA NOMBRE[2]

Dr. Ricardo Zugasti
Universidad de Zaragoza, España
Dr. Fernando Carcavilla
Universidad San Jorge, España

Resumen

En junio de 2012 el Gobierno de España crea la figura del Alto Comisionado para la Marca España con la intención de mejorar la imagen exterior de España en distintos ámbitos. A partir de entonces, el término 'marca España' adquirió relevancia en la prensa nacional y fue adoptado por los periodistas y por parte de la ciudadanía como sinónimo de 'identidad' o 'imagen' de España. Desde una perspectiva más amplia, la marca España es una concreción del concepto *nation brand*, acuñado en 1998 por Simon Anholt, el cual hace referencia a la gestión de la reputación de los países. La investigación tiene como objetivo general describir las características de la cobertura en la prensa diaria de la institución Marca España y los organismos integrantes del Consejo Marca España desde junio de 2012 hasta diciembre de 2015, coincidiendo con las elecciones generales y el cierre de la legislatura del Gobierno responsable del proyecto Marca España. Se toman como muestra los tres diarios españoles con mayor difusión -*El País*, *El Mundo* y *La Vanguardia*- y se analizan todas las piezas periodísticas que incluyan la expresión 'marca España'. La metodología empleada es el análisis de contenido cuantitativo, técnica que permite realizar una descripción objetiva, sistemática y cuantitativa del contenido manifiesto de la comunicación.

Palabras claves

Periodismo, prensa, Marca España, marca de territorio, análisis de contenido.

---

[2] Este trabajo forma parte de los resultados del grupo de investigación "Comunicación, periodismo, política y ciudadanía", reconocido como consolidado por el Gobierno de Aragón y financiado por este (código S-101).

Introducción

El gobierno de Mariano Rajoy impulsó el proyecto Marca España, creando en 2012 el Alto Comisionado del Gobierno para la Marca España y su Oficina (Real Decreto 998/2012, de 28 de junio). Según el Ministerio de Asuntos Exteriores y Cooperación (2016), "Marca España es una estrategia de gestión consciente de la imagen y reputación de España. Es una política de Estado cuya eficacia reside en el largo plazo. Su objetivo es mejorar la imagen de nuestro país, tanto en el interior como más allá de nuestras fronteras".

El Alto Comisionado del Gobierno para la Marca España es un cargo ocupado por Carlos Espinosa de los Monteros, quien tomó posesión en julio de 2012, con rango de Secretario de Estado. Fue nombrado por el Presidente del Gobierno, de quien depende funcionalmente, y es miembro del Consejo de Política Exterior (Real Decreto 1412/2000, de 21 de julio), cuya función es asesorar al Presidente del Gobierno en la dirección y coordinación del ejecutivo en este ámbito.

Las competencias del Alto Comisionado son la planificación, impulso y gestión de las acciones llevadas a cabo por todos los agentes implicados en la promoción de la imagen exterior de España en los ámbitos económico, cultural, social, científico y tecnológico (Marca España 2013a).

En noviembre de 2012 se constituyó el Consejo de Marca España, órgano informal presidido por el Alto Comisionado e integrado por los Presidentes/Directores o titulares de los organismos que constituyen los principales actores del proyecto (Marca España 2013b).

A continuación, los agrupamos según la clasificación de los constructores de la 'imagen país' de Peralba, quien considera que hay cuatro áreas principales en las que se incluyen todos aquellos agentes que influyen en el cambio o mejora de la imagen de un país: lo estatal, lo institucional, lo social y lo económico-empresarial (2010: 119):

Representantes de lo estatal:

- Secretaría de Estado de Comunicación de la Presidencia del Gobierno (Ministerio de la Presidencia).

- Consejo Superior de Deportes (Ministerio de Educación, Cultura y Deporte).

- Secretaría General de Agricultura y Alimentación (Ministerio de Agricultura, Alimentación y Medio Ambiente).

- Secretaría General de Política de Defensa (Ministerio de Defensa).

- Instituto de Comercio Exterior (Ministerio de Economía y Competitividad).

- Turespaña (Ministerio de Industria, Energía y Turismo).

- Dirección General de Relaciones Económicas Internacionales (Ministerio de Asuntos Exteriores y Cooperación).

- Dirección General de Medios y Diplomacia Pública (Ministerio de Asuntos Exteriores y Cooperación).

- Dirección General de Comercio e Inversiones (Ministerio de Economía y Competitividad).

- Dirección General de Política Económica (Ministerio de Economía y Competitividad).

- Embajador de España para la Diplomacia Cultural (Santiago de Mora-Figueroa y Williams, Marqués de Tamarón).

- Ministerio de Educación, Cultura y Deporte.

Representantes de lo institucional:

- Comité Olímpico Español.

- Instituto Cervantes.

- Real Instituto Elcano.

- Fundación Carolina.

- Corporación Radiotelevisión Española.

- Agencia EFE.

Observamos que en el consejo no hay representantes de 'lo económico-empresarial' ni de 'lo social', según el modelo de Peralba. Sin embargo, el proyecto Marca España cuenta con la colaboración de las empresas privadas, a las que considera al mismo tiempo, "un actor principal y un potencial beneficiario del proyecto" (Marca España, 2013a), a través del Foro de Marcas Renombradas Españolas.

Objetivos

El presente trabajo tiene como objetivo general describir las características de la cobertura en la prensa diaria de la institución Marca España y los organismos integrantes del Consejo Marca España. Junto al general, se plantean los siguientes objetivos concretos:

- O1: detectar en qué medida el concepto 'marca España' aparece vinculado a la institución homónima en la cobertura periodística o si recibe un tratamiento independiente al margen de su vinculación institucional.

- O2: detectar diferencias y similitudes entre los diarios analizados
  en sus respectivas coberturas.

En relación con los objetivos, se parte de dos hipótesis:

- H1: el discurso generado por la prensa en torno al concepto 'marca
  España' aparecerá desvinculado de la institución así llamada.

- H2: las coberturas concretas de cada diario presentarán diferencias
  entre sí.

Metodología

La investigación se basa en un análisis hemerográfico con el fin de conocer
la cobertura de la prensa acerca de la institución Marca España. Se llevó a
cabo mediante un análisis de contenido cuantitativo de dos diarios de ámbito nacional editados en Madrid (*El País* y *El Mundo*) y uno editado en
Barcelona (*La Vanguardia*). La selección de periódicos obedece a su importancia en términos de difusión y a la búsqueda de representatividad política y periodística.

Según OJD (2017), el promedio de difusión diaria de *El País* y *El Mundo* en
el año 2013 fue de 292.226 y 173.507 ejemplares respectivamente, resultando los dos diarios generalistas con mayor difusión en territorio nacional.
Según la misma fuente, *La Vanguardia* tuvo un promedio de difusión diaria de 152.320 ejemplares, siendo el tercer diario más difundido en 2013.

En total, se analizan 936 piezas periodísticas publicadas entre la creación
del Alto Comisionado para la Marca España en junio de 2012 y la celebración de las elecciones generales de diciembre de 2015. Se consideran como
unidad de análisis todas aquellas piezas que incluyen de manera literal la
expresión "marca España", tanto en su referencia a la institución Marca España como en su sentido de identidad o imagen de España.

Según Wimmer y Dominick, existe una notable pluralidad de definiciones
sobre el concepto de análisis de contenido. Walizer y Wienir lo presentan
como cualquier procedimiento sistemático ideado para examinar el contenido de una información archivada; Krippendorf lo resume como una técnica de investigación capaz de realizar inferencias válidas y estables a partir
de una serie de datos y dentro de un contexto determinado; y, por último,
la definición de Kerlinger, una de las más extendidas, sostiene que es un
método de estudio y análisis de comunicación de forma sistemática, objetiva y cuantitativa que tiene por fin medir variables concretas (Wimmer y
Dominick, 1996: 170). Siguiendo la clásica obra de Berelson, esta técnica
permite realizar una "descripción objetiva, sistemática y cuantitativa del
contenido manifiesto de la comunicación" (1952: 18).

Para el análisis de contenido se diseñó un código propio que contenía las variables necesarias para alcanzar los objetivos propuestos en esta investigación. Tras realizar la codificación, los datos se trataron estadísticamente empleando el programa SPSS y en este trabajo se presentan como gráficos y tablas de frecuencias.

Resultados

De las 936 unidades de análisis, *El País* publicó 359 (38,4%) y *El Mundo*, 386 (41,2%), presentando una cobertura bastante equilibrada frente a *La Vanguardia*, cuya cifra es de 191 publicaciones (20,4%). Comprobamos, por tanto, que el número de unidades de análisis en las que aparece el concepto 'marca España' varía notablemente según la cabecera.

Respecto a las menciones a los organismos vinculados a la institución Marca España en la cobertura general, solo el 12,9% de las unidades de análisis hacen referencia a alguno de estos organismos, cifra que consideramos escasa.

En la tabla 1 observamos el reparto de la cobertura en las 121 unidades de análisis que hacen referencia a uno o más organismos vinculados a la institución Marca España.

Organismo	Sí	No	Total
Oficina del Alto Comisionado	9,9	90,1	100
Consejo Superior de Deportes	11,6	88,4	100
Comité Olímpico Español	6,6	93,4	100
Instituto Cervantes	14	86	100
Real Instituto Elcano	15,7	84,3	100
Instituto de Comercio Exterior	8,3	91,7	100
Turespaña	5,8	94,2	100
Fundación Carolina	4,1	95,9	100
D. G. de Relaciones Económicas Internacionales	1,7	98,3	100
D. G. de Medios y Diplomacia Pública	3,3	96,7	100
D. G. de Comercio e Inversiones	3,3	96,7	100
RTVE	16,5	83,5	100
Agencia EFE	2,5	97,5	100
Ministerio de Educación, Cultura y Deporte	14,9	85,1	100
Foro de Marcas Renombradas Españolas	6,6	93,4	100

Tabla 1: Organismos vinculados a Marca España (en porcentaje).

Fuente: elaboración propia

A continuación, vamos a describir la presencia de estos organismos en la cobertura general. El mayor protagonismo lo obtiene RTVE (16,5%). Una de las razones que explican este resultado es que varias de las piezas analizadas son críticas y reflexiones sobre algunos contenidos emitidos en la cadena pública que, por diversas razones, se vinculan a la marca España.

El Real Instituto Elcano, con un 15,7%, es la segunda institución con mayor presencia gracias a la difusión de algunos de los resultados de sus investigaciones acerca de la imagen exterior de España. En la figura 1 se muestra un ejemplo de esto último.

Los alemanes, los más duros con España
La imagen exterior del país no despega, aunque es mejor de lo que piensan los españoles

Figura 1: Titular de una noticia relativa a una encuesta del Instituto Elcano sobre la percepción exterior de España (Benito, 2013: 16).

El Ministerio de Educación, Cultura y Deporte queda en un tercer lugar con un 14,9% de la cobertura. Hay que tener en cuenta que se trata del único ministerio con presencia íntegra en el Consejo de Marca España, por lo que resulta lógico que obtenga mayor protagonismo que las entidades específicas dependientes de otros ministerios (secretarías de Estado, secretarías generales y direcciones generales).

El Instituto Cervantes es el cuarto organismo con mayor presencia en la cobertura (14%), a raíz de sus acciones para la difusión internacional de la lengua y la cultura españolas, como se muestra en el ejemplo de la figura 2. Junto al Real Instituto Elcano, es la institución que mayor actividad registra en relación a Marca España. Respecto a la difusión de la lengua española, Carlos Espinosa de los Monteros declaró en una entrevista que "el español es la segunda lengua del mundo. [...] Tenemos una mina de oro y apenas la estamos explotando" (Esteban, 2014: 8).

El Cervantes pone una pica en Harvard
El instituto para la difusión de la lengua y la cultura españolas anunciará en breve un acuerdo con la prestigiosa universidad para proyectos de investigación comunes

Figura 2: Titular de una noticia relativa a la actividad del Instituto Cervantes (Ruiz Mantilla, 2013: 36).

El Consejo Superior de Deportes es la quinta institución con mayor protagonismo (11,6%) seguida por la Oficina del Alto Comisionado (9,9%), cuya presencia en el total de la cobertura (1,3%) es notablemente inferior a la de Carlos Espinosa de los Monteros (7,2%).

El Instituto de Comercio Exterior (ICEX) ocupa la siguiente posición en la cobertura (8,3%). Las referencias a esta entidad suelen vincularse a acciones de diplomacia económica como el viaje que realizó el Príncipe Felipe a Brasil junto a cincuenta empresarios para atraer inversiones, en el que el ICEX organizó el Foro de Inversiones y Cooperación Empresarial España-Brasil (Junquera, 2013).

El Comité Olímpico Español (COI) y el Foro de Marcas Renombradas (FMRE) obtienen el mismo protagonismo en la cobertura (6,6%). El primero es mencionado en varias informaciones relativas a los Juegos Olímpicos de Londres 2012 y a la derrota de la candidatura olímpica Madrid 2020. Por su parte, el FMRE suele aparecer vinculado a eventos como la ceremonia de acreditación de los Embajadores Honorarios de la Marca España (Remírez de Ganuza, 2015).

Turespaña registra un protagonismo ligeramente menor (5,8%) y su aparición suele tener un carácter secundario en las informaciones en las que se menciona. La Fundación Carolina obtiene una mayor relevancia pese a registrar menos apariciones (4,1%), gracias a que su director, Jesús Andreu, es colaborador de *El País* y autor de algunas de ellas.

El resto de organismos con presencia en la cobertura obtienen un protagonismo inferior. Tal es el caso de la Dirección General de Medios y Diplomacia Pública (3,3%), la Dirección General de Comercio e Inversiones (3,3%), la Agencia EFE (2,5%) y la Dirección General de Relaciones Económicas Internacionales (1,7%). Comprobamos que la mayor parte de menciones a estos organismos están directamente relacionadas con el nombramiento del Alto Comisionado o con noticias relativas a la institución Marca España.

Por último, destacamos que ninguno de los siguientes organismos constituyentes del Consejo de Marca España es mencionado en la cobertura: Secretaría de Estado de Comunicación de la Presidencia del Gobierno, Secretaría General de Agricultura y Alimentación, Secretaría General de Política de Defensa, Dirección General de Política Económica y el Embajador de España para la Diplomacia Cultural.

Respecto a la atención prestada por cada periódico a los organismos vinculados a la institución Marca España, observamos en la tabla 2 que *El País* obtiene un 15,3% de resultados favorables, seguido por *El Mundo* (12,2%) y *La Vanguardia* (9,9%).

Referencia a organismos vinculados a la institución Marca España	EP	EM	LV
Sí	15,3	12,2	9,9
No	84,7	87,8	90,1
Total	100	100	100

Tabla 2: Referencia a organismos vinculados a la institución Marca España según periódico (en porcentaje). Fuente: elaboración propia

A continuación, vamos a describir la presencia de estos organismos en cada diario, comenzando por aquellos que han obtenido un mayor protagonismo en la cobertura general.

Con una frecuencia de 16,5%, RTVE es el organismo vinculado a Marca España más mencionado en la cobertura general. En este caso, observamos una notable diferencia entre el protagonismo concedido por *La Vanguardia* (22,2%) y *El País* (21,1%) respecto a *El Mundo* (8,7%). Hemos detectado algunas informaciones en *La Vanguardia* y *El País* en las que se adopta una postura crítica hacia determinados contenidos emitidos por Televisión Española, tendencia que no se observa en *El Mundo* y que puede explicar esta diferencia.

El Real Instituto Elcano es la segunda institución con más presencia en la cobertura general (15,7%). Su presencia es más destacada en *El Mundo* (21,7%) que en *El País* (12,3%) y *La Vanguardia* (11,1%).

El Ministerio de Educación, Cultura y Deporte, que ocupa el tercer lugar en la cobertura general (14,9%), alcanza un mayor protagonismo en *La Vanguardia* (22,2%), seguido por *El País* (14%) y *El Mundo* (13%).

En cuarto lugar de la cobertura general se encuentra el Instituto Cervantes (14%), con una presencia destacable en *El País* (17,5%), seguido por *La Vanguardia* (11,1%) y *El Mundo* (10,9%).

El Consejo Superior de Deportes ocupa el quinto lugar con una frecuencia general de 11,6%. En este caso observamos una cobertura desigual según periódico, con una notable presencia en *El Mundo* (17,4%), seguido por *El País* (10,5%), mientras que en *La Vanguardia* no registra ninguna mención. Una explicación a esta diferencia es un artículo publicado en *El País* bajo el titular 'Orgullosos del Barça', en el que el entonces presidente del Consejo Superior de Deportes, Miguel Cardenal, se pronunció en defensa del Fútbol Club Barcelona ante la desmesura del acoso al que, según él, estaba siendo sometido por el llamado 'caso Neymar', manifestando además que el club es "un activo fundamental de la marca España" (Cardenal, 2014: 58). Por su parte, el diario *El Mundo* se hizo eco de las polémicas declaraciones con las que se mostró muy crítico en varias ocasiones, mientras que

La Vanguardia no vinculó este asunto con la marca España. Otro hecho que explica este resultado es la atención que *El País* prestó en varias informaciones al dopaje en el deporte y su repercusión en la imagen internacional de España, a raíz del juicio celebrado por la 'Operación Puerto'.

La Oficina del Alto Comisionado es la siguiente institución con una presencia del 9,9% en la cobertura general. Obtiene un mayor protagonismo en *El País* (14%) y una presencia más discreta en *El Mundo* (6,5%) y *La Vanguardia* (5,6%).

El Instituto de Comercio Exterior (ICEX), cuya frecuencia general es del 8,3%, recibe mayor atención por parte de *El País* (10,5%), seguido por *El Mundo* (6,5%) y *La Vanguardia* (5,6%).

El Comité Olímpico Español (COI) obtiene una frecuencia general del 6,6% y su presencia es más destacada en *El Mundo* (8,7%), seguido por *La Vanguardia* (5,6%) y *El País* (5,3%).

Con la misma cifra (6,6%) se sitúa el Foro de Marcas Renombradas Españolas (FMRE), cuyo protagonismo es superior en *El País* (8,8%), seguido por *La Vanguardia* (5,6%) y *El Mundo* (4,3%).

Turespaña obtiene un 5,8% en la cobertura general y su presencia es proporcionalmente superior en *La Vanguardia* (11,1%), seguido por *El País* (5,3%) y *El Mundo* (4,3%).

La Fundación Carolina, con una frecuencia general del 4,1% presenta una mayor cobertura en *El País* (7%), seguido por *El Mundo* (2,2%) y no obtiene ninguna mención en *La Vanguardia*.

La Dirección General de Medios y Diplomacia Pública, cuyo porcentaje general es del 3,3%, obtiene cierta presencia en *El Mundo* (4,3%) y *El País* (3,5%) y, en este caso, tampoco se registran menciones en *La Vanguardia*.

La Dirección General de Comercio e Inversiones también obtiene una frecuencia general del 3,3%, con un mayor protagonismo en *El País* (5,3%), seguido por *El Mundo* (2,2%), mientras que, de nuevo, no existen referencias en *La Vanguardia*.

La Agencia EFE, con una frecuencia del 2,5% en la cobertura general , obtiene proporcionalmente una mayor presencia en *La Vanguardia* (5,6%), seguido por *El Mundo* (2,2%) y *El País* (1,8%). Cabe señalar en este punto que los porcentajes obtenidos por la Agencia EFE equivalen a una única mención en cada periódico.

Por último, la Dirección General de Relaciones Económicas Internacionales, con un 1,7% en la cobertura general, obtiene una presencia mínima en *El Mundo* (2,2%) y *El País* (1,8%), mientras que en *La Vanguardia* no se registran menciones.

El resto de organismos vinculados a la institución Marca España, como hemos visto anteriormente, no son mencionados en la cobertura.

Conclusiones

El discurso generado por la prensa en torno al concepto 'marca España' aparece, generalmente, desvinculado de la institución homónima. El 87,1% de las unidades de análisis no establecen una vinculación institucional expresa con el Alto Comisionado para la Marca España ni con ninguno de los organismos constituyentes del Consejo de Marca España.

De las 121 unidades de análisis que hacen mención explícita de la institución Marca España o de alguno de sus organismos constituyentes, RTVE es el organismo que mayor presencia obtiene, seguido por el Real Instituto Elcano, el Ministerio de Educación, Cultura y Deporte y el Instituto Cervantes. Cada uno de ellos representa alrededor de un 15% de dichas unidades.

Por otro lado, hay cinco organismos del Consejo de Marca España que no obtienen presencia en la cobertura: Secretaría de Estado de Comunicación de la Presidencia del Gobierno, Secretaría General de Agricultura y Alimentación, Secretaría General de Política de Defensa, Dirección General de Política Económica y el Embajador de España para la Diplomacia Cultural.

Así, queda demostrada la primera hipótesis de la que partía este trabajo: el discurso generado por la prensa en torno al concepto 'marca España' aparece mayoritariamente desvinculado de la institución así llamada.

En cuanto a la atención prestada por cada cabecera analizada, ésta es mayor en *El País*, seguido por *El Mundo* y *La Vanguardia*. Pese a la diferencia de cinco puntos porcentuales entre el primero y el último de los periódicos, podemos afirmar que la presencia de la institución Marca España es muy discreta en todos ellos.

No obstante, hemos detectado diferencias puntuales en el tratamiento dado a algunos de los organismos del Consejo Marca España en la cobertura periodística. Por ejemplo, el protagonismo concedido a RTVE en *La Vanguardia* y *El País* es más del doble que en *El Mundo*. Por el contrario, la presencia del Real Instituto Elcano en *El Mundo* es casi el doble que en *El País* y *La Vanguardia*. Destaca también la cobertura desigual del Consejo Superior de Deportes, cuya presencia es destacable en *El Mundo* y algo inferior en *El País*, pero no obtiene menciones en *La Vanguardia*.

Las dos conclusiones anteriores demuestran parcialmente la segunda hipótesis: hay diferencias visibles entre las cabeceras analizadas, aunque también se detecta una considerable homogeneidad que refuta en este sentido parte de la hipótesis planteada.

Referencias bibliográficas

Anholt, S. (2009). Branding places and nations. En Clifton, R. (Ed.), *Brands and Branding* (pp. 206-216). Londres: Profile Books,

Benito, R. (2013). Los alemanes, los más duros con España. *El Mundo*, 25 de abril de 2013, 16.

Berelson, B. (1952). Content Analysis in Communication Research. Nueva York: Free Press.

Cardenal, M. (2014). Orgullosos del Barça. *El País*, 4 de marzo de 2014, 58

Esteban, E. (2014). «La 'marca Cataluña' no existe fuera, tienen que explicar siempre que son España». *El Mundo*, 27 de marzo de 2014, 8.

Junquera, N. (2013). El Príncipe viaja a Brasil para atraer inversiones y abrir mercados a España. *El País*, 25 de noviembre de 2013, 18.

Marca España (2013a). *El Alto Comisionado. Actores de la Marca España*. Recuperado de http://marcaespana.es/es/quienes-somos/el-alto-comisionado.php [Recuperado 25/06/2013].

Marca España (2013b). *El Consejo de Marca España*. Recuperado de http://marcaespana.es/es/quienes-somos/el-consejo-de-marca-espana.php [Recuperado 25/06/2013].

Ministerio De Asuntos Exteriores y Cooperación (2016). *Marca España*. Recuperado de http://www.exteriores.gob.es/PORTAL/ES/POLITICAEXTERIORCOOPERACION/MARCAESP/Paginas/Inicio.aspx [Recuperado 22/08/2016].

OJD (2017). *Medios Controlados*. Recuperado de http://www.introl.es/medios-controlados/ [Recuperado 22/05/2017].

Peralba, R. (2010). El posicionamiento de la "Marca España" y su competitividad internacional. Madrid: Ediciones Pirámide.

Real Decreto 998/2012, de 28 de junio. BOE núm. 155, de 29 de junio.

Real Decreto 1412/2000, de 21 de julio. BOE núm. 175, de 22 de julio.

Remírez de Ganuza, C. (2015). El Rey garantiza a los españoles la «unidad». *El Mundo*, 13 de noviembre de 2015, 8-9.

Ruiz Mantilla, J. (2013). El Cervantes pone una pica en Harvard. *El País*, 11 de abril de 2013, 36.

Wimmer, R. D. y Dominick, J. R. (1996). La investigación científica de los medios de comunicación. Una introducción a sus métodos. Barcelona: Bosch Comunicación.

*Este libro se terminó de elaborar en julio de 2018
en la ciudad de Sevilla, bajo los cuidados de
Francisco Anaya, director de Ediciones Egregius.*